Wim Martin, 1952 geboren und aufgewachsen in Velbert, studierte Literaturwissenschaft und Philosophie an der Heinrich-Heine-Universität in Düsseldorf, um nach dem Examen als weltweit erfolgreiches Fotomodell Karriere zu machen. Bereits im Studium Veröffentlichung von Gedichten und Kurzgeschichten in diversen Literaturzeitschriften und Anthologien, u.a. bei Rowohlt. Nach dem Ende der Modellkarriere Wiederaufnahme der schriftstellerischen Arbeit. 2018 erschien im Hummelshain Verlag der Roman *Das schlagende Herz*, 2019 der Gedichtband *Nahe Engel, von fern: Musik*, ferner die Romane *Babylon Cam* (2020), *Die Pandemie* (2021), *Brachfeld* (2021), *Der Einfall des Lichts* (2022).
https://de.wikipedia.org/wiki/Wim_Martin

Alle Figuren des Romans sind ausschließlich meiner Fantasie entsprungen. Sämtliche Ähnlichkeiten mit lebenden oder verstorbenen Personen wären daher rein zufällig.

W.M.

2023 Hummelshain Verlag, Essen
ISBN: 978-3-943322-590
Umschlagbild: Wim Martin, Acryl auf Bütten
Korrektorat: Petra Krall

www.hummelshain.eu

Wim Martin

Suicide Blonde

Roman

Hummelshain Verlag

Der rein fiktiven Protagonistin des Romans wurden zur detaillierten Charakterisierung ihres tragischen Wegs in eine allen Bezug zur Realität verlierende Schizophrenie einige extreme und größtenteils in rechtsradikalen Gruppierungen verbreitete Positionen zugeordnet. Der Autor betont, dass er selbst keine dieser Ansichten vertritt und sich von jeglichen rassistischen, faschistischen und antireligiösen Gedanken seiner Figur distanziert.

Some silken moment
Goes on forever

INXS

Prolog

Wie immer, wenn sie ankam, drang das Gebell aus dem Inneren des Hauses bis hinaus auf die Straße. Obwohl Jamie fünfzehn Jahre zählte, ein nahezu biblisches Alter für einen Hund, und obwohl auch seine Pupillen sich in fortschreitender Blindheit zu trüben begannen, funktionierten sein Geruchssinn wie auch sein Gehör tadellos. Er entnahm bereits dem Motorengeräusch ihres sich nahenden Toyotas, dass Nelly die Mutter besuchte. Vermutlich witterte er auch ihren für seine feine Nase unverwechselbaren Geruch nach Mandelblüten noch durch die Mauern hindurch. Bei ihrer Ankunft drückte das liebe Tier jedes Mal, die Beschwerden des Alters vergessend, seine freudige Erregung durch überlautes Kläffen aus, auch wenn die Nachbarn sich die Haare rauften über den regelmäßig aufbrandenden Krach. Sobald dann der Klang ihrer zuschlagenden Autotür zu ihm drang und Sekunden später der Schlüssel sich in der Haustür drehte, kannte Jamie kein Halten mehr: sein Gebell steigerte sich zu einer handfesten Hysterie.

Als Nelly den Hausflur betrat und die Tür hinter sich schloss, wunderte sie sich, dass er nicht die Treppe aus der ersten Etage hinunter gestürmt kam, um sie wie üblich im Hausflur zu begrüßen. Ihre Mutter pflegte die Wohnungstür zum Korridor offen zu lassen, damit Jamie auch ins

Parterre laufen konnte, wo ihr Vater nach der Scheidung in seinen eigenen, abgeschlossenen vier Wänden wohnte. Von dort konnte der Hund nach Belieben und zu jeder Zeit in den kleinen Garten des Reihenhauses. Doch anders als sonst war die Tür zur Wohnung der Mutter heute geschlossen, und er blieb aus dem Treppenhaus ausgesperrt.

Nelly schaute auf ihre Armbanduhr. Es war Halb zehn, die Mutter konnte unmöglich noch schlafen. Nach einem streng geregelten Tagesablauf stand sie jeden Morgen um Halb acht auf, in nahezu preußischer Disziplin, auch weil sie kurz darauf für gewöhnlich mit Jamie die erste Runde drehte. Der alte Hund vermochte den Harn nicht viel länger zu halten, und um zu vermeiden, dass er auf den Laminatfußboden urinierte, ging die Mutter meist bereits vor acht Uhr mit ihm los. Nelly tippte dreimal kurz auf den Klingelknopf, während sie die Haustür hinter sich schloss. Jamie kläffte nur noch lauter, und sie meinte seiner Stimme anzuhören, dass er nicht allein freudige Begrüßung ausdrücken wollte. Das Gebell klang irritiert, wütend, fast erschreckt. Sie stieg die Treppe hoch und wollte die Tür aufschließen, doch im Schloss steckte von innen der Schlüssel ihrer Mutter. Nelly klopfte, inzwischen entnervt vom Gebell, lautstark an das Türblatt, um den Hund zu übertönen, und rief nach ihr:

- Mutti, der Schlüssel steckt! Mach bitte auf!

Aus der Wohnung kam keine Reaktion. Vielleicht war die Mutter gerade im Bad. Oder sie hörte laute Musik unter dem Kopfhörer, dass sie weder Gebell noch Klopfen wahrnahm. Seit geraumer Zeit schon pflegte sie eine exzessive und wie Nelly empfand, beinah schon krankhafte Vorliebe für diese australische Popgruppe, deren Lieder sie unentwegt hörte. Aber es konnte kaum sein, dass der Kopfhörer alle Geräusche der Außenwelt völlig ausklammerte. Eine erste verschwommene Ahnung von Unheil beschlich Nelly. Sie hämmerte nochmals an die Tür, lauter, länger, drängender. Nichts geschah. Die Mutter rührte sich nicht. Nur Jamie kläffte in einem fort.

Aus dem Parterre rief ihr Vater, angelockt vom anschwellenden Lärm, durch das Treppenhaus:

- Was ist da los bei euch? Der Hund ist ja völlig von Sinnen.
- Ich weiß auch nicht. Mutti öffnet nicht, und der Schlüssel steckt von innen. Ich komme nicht in die Wohnung, antwortete Nelly erregt.

Der Vater erklomm die Stufen bis in die erste Etage.

- Jamie, ruhig! rief er dem Hund zu, was der nur mit weiterem Gebell beantwortete.

Dann schlug er mit der ganzen Wucht seiner geballten Faust an die Tür, dass das hölzerne Türblatt im Rahmen erzitterte. Die Hiebe hallten durch das ganze Haus.

- Johanna, ich bin es, Linus! Mach die Türe bitte auf. Nelly ist hier. Wir machen uns Sorgen.

Wieder kam von innen keinerlei Reaktion. Nur der Hund bellte ohne Unterlass und noch hysterischer als zuvor.

- Wir müssen wohl einen Schlüsseldienst anrufen, meinte der Vater resigniert, sein Gesicht in deutlicher Befürchtung verfinstert.

Nellys Gedanken rotierten in einem fort. Sie ging spontan die denkbaren Möglichkeiten durch. Die Mutter konnte einen Schlaganfall erlitten haben, eine Hirnblutung oder einen allergischen Schock, und jetzt lag sie vielleicht hilflos, ohne die geringste Fähigkeit sich zu bewegen und verzweifelt auf Rettung wartend hinter der verschlossenen Tür. Hoffentlich kamen sie nicht zu spät. Sie wusste, dass in einem solchen Fall vor allem schnelle Hilfe benötigt wurde, um schwerwiegenden Langzeitfolgen vorzubeugen. Ihre Sorge wuchs und lähmte sie. Doch der Vater eilte bereits die Treppe hinab und suchte unten in seiner Wohnung in dem dort neben dem Telefon liegenden Branchenverzeichnis nach der Nummer eines Schlüsseldienstes. Nelly hörte ihn telefonieren und die Adresse durchgeben, während pure Angst in ihr Wellen schlug.

Bis zum Eintreffen des herbeigerufenen Schlüsseldienstmitarbeiters saß sie auf der obersten Stufe des Treppenhauses wie auf glühenden Kohlen. Sie rief den Anschluss der Mutter an, hörte das Freizeichen ebenso wie das Klingeln in der Wohnung. Niemand hob ab. Ihr Herz klopfte laut. Der Hund hatte das Dauergebell eingestellt und winselte jetzt nur noch gotteserbärmlich. Nelly befürchtete inzwischen das Schlimmste. Die Zeit schlich nicht voran, sie schien geradezu stillzustehen. Dann, nach endlosen Minuten und versunken in düstere Gedanken, hörte sie, wie der Vater die Haustür öffnete und den Ankommenden einließ. Er führte ihn die Treppe hinauf, wo Nelly sich erhob und zur Seite trat.

Es dauerte nicht länger als fünfzehn Sekunden, dann hatte der Fachmann mit zwei dünnen, ins Schloss eingeführten und an Hummergabeln erinnernden Werkzeugen die Tür geöffnet. Urplötzlich sprang sie unter seinen filigranen Händen einen kleinen Spalt auf, als Nelly im gleichen Moment schon an ihm vorbeidrängte und den kurzen Flur der Wohnung betrat. Fast wäre sie über Jamie gestolpert, der ihr mit lautem Gebell um die Beine wuselte.

- Aus, Jamie! wies sie den Hund an, der sich abermals wie von Sinnen gebärdete.

Hektisch schaute sie rechter Hand in die Küche, deren Tür ebenso wie die des großen Wohnraums auf der linken Seite des Flurs ausgehängt war, und sah mit einem Blick, die Mutter war weder hier noch dort. Schemenhaft nahm ihr Unterbewusstsein noch wahr, dass von den sechs Stühlen am Esstisch einer fehlte. In jäh aufwallender Panik machte sie auf dem Fuß kehrt und öffnete die Tür zum Bad, aber auch dort war keine Spur vom Verbleib der Mutter. Nelly hastete wiederum vorwärts, ins Schlafzimmer auf der Stirnseite des Flurs. Das Bett war offenbar in der Nacht nicht benutzt worden oder vielleicht auch schon hergerichtet.

Sie eilte durch das Wohnzimmer hin zur Treppe ins Dachgeschoss. Der Hund heulte laut auf und verkroch sich unter das Sofa. Während sie die Stufen erklomm, nahm sie wie aus weiter Ferne wahr, dass der Vater den Mann vom Schlüsseldienst bat, ihm die Rechnung zu schicken und ihn dann mit den Worten entließ:

- Sie finden bitte allein hinaus. Ich muss hinauf und feststellen, was da los ist.

Als Nelly keuchend und nach Atem schnappend wie ein Fisch auf dem Trockenen die erste der beiden Dachkammern betrat, fiel unten die Haustür ins Schloss, während gleichzeitig die eiligen Schritte des Vaters die Treppe erbeben ließen. Der kleinere Vorraum roch muffig, nach abgestandener Luft. Auch hier war die Mutter nicht. Aus dem hinteren Dachzimmer drang durch die leicht geöffnete Tür ein lautes Geräusch, ein auf- und abschwellendes Zischen, das mit sonoren Pfeifsignalen und einem Dauerrauschen vermischt war. Nelly wusste sofort, die Mutter hatte wieder auf obskuren und teils vor langer Zeit schon eingestellten Sendefrequenzen nach Spuren und Hinweisen gesucht, obwohl sie sie eindringlich gebeten hatte, von diesem Hokuspokus abzulassen. Aber auch der Klang des fast bis zum Anschlag aufgedrehten Radios war bei weitem nicht laut genug gewesen, um Jamies Gebell und den unüberhörbaren Lärm an der Wohnungstür zu übertönen. Ihre Mutter hätte sie hören müssen.

Nelly stieß die lediglich angelehnte Tür zur hinteren Dachkammer auf, als im gleichen Moment ihr Vater sie erreicht hatte. Sie verharrte im Türrahmen. Der Raum war von den herabgelassenen Jalousien der ins Dach eingebauten Fenster abgedunkelt. Doch auch im feindlichen Zwielicht sah sie das Unfassbare, das ihre schlimmsten Ahnungen ihr eingeflüstert hatten und das sie dennoch ganz weit von sich gedrängt hatte.

Der unten am Esstisch fehlende Stuhl lag umgestoßen auf dem Teppichboden neben einem hässlichen, von Nässe verursachten Fleck. In die Deckenverkleidung aus Gipskartonplatten war ein großes Loch geschlagen, um einen der massiv hölzernen Dachbalken freizulegen. Und über den Balken aus dunklem, altem Eichenholz verknotet war das Seil geworfen. Das Seil, an dessen Ende in einer Schlinge der leblose Körper der Mutter hing.

1

Raben

Mit den Raben war es wie mit den Orkanen: beides hatte es in ihrer Kindheit hier nicht gegeben. Und ebenso nicht die Sirenen. Heute ertönte an jedem neuen Tag ihr die Trommelfelle folternder Klang aus den Fahrzeugen der Ambulanzen, Polizei oder Feuerwehr, die wieder einmal einen der sich scheinbar unentwegt ereignenden Notfälle ansteuerten. Eine dissonante Sinfonie der Apokalypse, ohrenbetäubend schrill und sich erbarmungslos in die Gehörgänge fräsend wie der Bohrer für eine Gehirnwäsche. Und dieses Szenario fand ohne erkennbare Pausen nahezu vierundzwanzig Stunden täglich statt. Rätselhaft blieb ihr immer, was die Menschen zu solch ungehemmter Dringlichkeit antrieb, welche sie veranlasste, den ureigenen Weltuntergang lustvoll und überlaut zu intonieren.

Und die Orkane gaben seit Jahren den Wintern eine immer bedrohlichere, in den Nachrichten plakativ zu beinahe mörderischer Wucht aufgebauschte Struktur. Von November bis weit in den April hinein fegten regelmäßig Stürme über die Stadt, über das ganze Land, deren zerstörerische Kraft zu früheren Zeiten in diesen Breitengraden völlig undenkbar gewesen war. Längst schon glichen die

Winter einem auf die Dauer von sechs Monaten verlängerten Herbst, in dem nicht länger arktische Kälte die unbeherrschbaren Turbulenzen der Lüfte lähmte, eine Folge, so erklärte es die Wissenschaft lapidar, der vom Menschen, der selbsternannten Krone der Schöpfung, unaufhaltsam vorangepeitschten Klimaerwärmung. Doch die derart entfesselte Wut der Natur ließ sich nicht erklären. Allein die Überzeugung wuchs stetig in Johanna, dass sie Vergeltung übte für das, was ihr im Lauf der Geschichte angetan worden war. Die Natur betrachtete sie als einen lebendigen Organismus, beseelt von Mythen, geduldig und sanft, als Verbündete, ja Freundin, als Quell von Kraft und Spiritualität, und nur wenn man ihr nicht die gebührende Achtung zollte, gebärdete sie sich eine tobende Zeit lang als unversöhnliche Feindin und entlud ihren Zorn auf die, die ihr den gebührenden Respekt verweigerten.

Eine neben dem Lärm der Sirenen weitere und für Außenstehende gänzlich unvorstellbare, sie wahrhaft in cholerische Wut versetzende Zumutung bildeten die kürzlich in der Nachbarschaft zugezogenen Polen. Johanna nannte sie hasserfüllt die Polacken. Sie bewohnten ein Dreigenerationenhaus, Großeltern, Eltern und Kinder, und waren im geballten Chor ihrer Rücksichtslosigkeit verantwortlich für einen schlichtweg alle Grenzen des Anstands ignorierenden Lärmterror, der im gesamten näheren Umfeld die Sehnsucht nach unverzüglichem Amoklauf erweckte. Der Großvater hörte, weithin schallend, im Garten Radio Warszawa, seine Tochter, deren Erscheinungsbild eines Bullterriers noch die furchtlosen Ratten in der Kanalisation in die Flucht schlug, schrie vom Balkon geharnischte Kommandos an ihren Gatten, der mit Laubbläser, Motorsäge oder ähnlichem Maschinenarsenal ohne Unterlass die Flora des Grundstücks zu bändigen suchte, während die zehn- und achtjährigen Söhne, gebeutelt von einer unheilbaren Verhaltensstörung, sich ausschließlich durch ein alle Dezibelskalen sprengendes Kreischen verständigten und in ihren Eltern nichts als Stolz aufkeimen ließen ob solchen von ihnen dem Nachwuchs in die Wiege gelegten Stimmvolumens. Alle Einwände genervter Nachbarn gegen diese pathologischen Pestbeulen verpufften generell im Handumdrehen, seitdem die Regierung in Berlin ganz offiziell jedweden Kinderlärm als Zukunftsmusik deklariert hatte. Sobald jedoch diese asozialen Polacken ihre Maschinen auch nur eine Minute außerhalb der gesetzlich vorgeschriebenen Zeiten anwarfen, hatte Johanna es sich zur Pflicht gemacht, auf der Stelle das rund um die Uhr erreichbare Ordnungsamt anzurufen, und in ihrer Eigenschaft als Wutbürgerin bereits mehrfach saftige Bußgelder erwirkt. Von solch schamlos dreisten Kuffnucken ließ sie sich nicht auf der Nase rumtanzen, niemals!

Am schlimmsten jedoch erschienen Johanna die Rabenschwärme, diese schwarzgefiederten Boten des Totenreiches. Früher hatten die Vögel ihre Reviere ausschließlich in den umliegenden Wäldern und fielen allenfalls über die angrenzenden Äcker her, wenn die Bauern dort das Saatgut ausbrachten. Heute hatten sie die Stadt usurpiert, waren ohne natürliche Feinde im gesamten Viertel die uneingeschränkten Herrscher der Gärten, hockten auf Dächern,

Kaminen und Bäumen und verstörten mit ihrem blechernen Krächzen die Harmonie des Seins, nachtschwarze Symbole für unabwendbares Unheil. Singvögel dagegen gab es, wo sich die Raben ausgebreitet hatten, kaum noch. Sie plünderten deren Nester und töteten frisch geschlüpfte Jungvögel, die sie fraßen oder an die eigene Brut verfütterten. Voller Wehmut erinnerte sich Johanna an die Kohlmeisen, Rotkehlchen, Amseln und Finken in ihrer Jugend, die im elterlichen Garten Insekten gejagt und Würmer aus dem Rasen gepickt hatten. Jetzt waren da nur noch die Raben, und es wurden von Jahr zu Jahr mehr. Sie wollte es sich nicht eingestehen, aber die Vögel entfachten Angst in ihr, wie ebenso ihr gesamtes, immer bedrohlicher erscheinendes, in immer rücksichtsloserem Lärm tönendes Umfeld. Manchmal fühlte sie sich wie eingekesselt in ihrem Leben, und ein starkes Verlangen nach Schutz bemächtigte sich ihrer, sie durfte sich unmöglich den von ihnen ausgehenden Fährnissen wehrlos ausliefern, sie musste sich wappnen, mit allem, was ihr zur Verfügung stand.

Alles in allem war es die Summe des Ungewohnten, des Unheimlichen, der Klang all dessen: der Sirenen, der Winterstürme und der Raben, der immer unerträglicher werdende Lärm, die unentwegte Zumutung geballten akustischen Mülls, welcher bei Tag und oft genug auch bei Nacht den früher unendlichen Frieden der Stille lauthals übertönte, die Johanna mehr und mehr in den Wahnsinn zu treiben schien. Und obwohl sie bei Nacht angestrengt lauschte und mit äußerster Behutsamkeit die Frequenzen des alten Röhrenempfängers abtastete, ließ dieser Krach sie oftmals die allein an sie gerichteten Botschaften nicht hören, jene sanften, leisen und zarten Klänge, die seine samtene Stimme durch den Äther hauchten und die seit geraumer Zeit nichts mehr als ihre einzige Bestimmung waren.

2

Die Entdeckung

Das ist jetzt mein Haus, ging ihr durch den Kopf. Es war ein ebenso naheliegender wie gleichzeitig absurder Gedanke, fühlte sich im Moment jedoch noch völlig unwirklich an. Sie war den Tränen nah, sie wollte allein sein, um das Unbegreifliche zu verstehen oder, falls das nicht möglich sein sollte, sich ihm zumindest ein Stück weit anzunähern. Wie hatte die Mutter das nur tun können? Auch mit mehr als siebzig Jahren war sie von ungebrochener Vitalität gewesen, und Nelly vermochte sich so gar nicht daran zu gewöhnen, dass sie nicht mehr bei ihr war, dass ihr Leichnam über ihr auf dem Dachboden hing. Ihre mühsam zusammengeraffte Konzentration glitt hinfort, denn da waren all diese Menschen, die sich unaufhaltsam durch sämtliche Zimmer bewegten, als hätten sie ein Anrecht darauf, ihr privates Umfeld zu stürmen. Sie verursachten Lärm, obwohl sie sich betont um Rücksicht bemühten. Und mitten unter ihnen suchte der verschreckte und verstörte Hund nach seinem sicheren Ort, der ihm durch die entsetzliche Tat der Mutter genommen worden war. Nelly ergab sich ohne große Gegenwehr in ihre Trance, im dringlichen Wunsch nach gänzlicher Abschottung von dem Treiben um sie herum. Nur so fühlte sie sich in der

Lage, das Ganze zu überstehen. Am liebsten hätte sie laut herausgeschrien:

- Alle raus hier! Sofort!

Aber natürlich konnte sie das nicht tun. Ich muss das durchstehen, dachte sie. Und sie dachte an die ewige und unerschütterliche Disziplin ihrer Mutter, zumindest bis zu dem Zeitpunkt, an dem sie den Stuhl erklommen und sich die Schlinge um den Hals gelegt hatte.

Zuerst waren zwei uniformierte Polizisten erschienen. Ihr Streifenwagen stand am Straßenrand neben dem von den Wagen der Anwohner dicht gefüllten Parkstreifen in zweiter Reihe. Wenig später kamen zwei Zivilbeamte, ein Kommissar und seine Assistentin. Nach einem kurzen Blick in das hintere Dachzimmer forderten sie per Telefon unverzüglich die Spurensicherung an. Dann erfolgte der martialische Auftritt der Feuerwehr, mit einem blitzenden Leiterwagen, einer Ambulanz im Mercedes-Kastenwagen, auf dem in großen, weißen Buchstaben auf rotem Grund *Rettungsdienst* stand, und einer ebenso grell beschrifteten Notarzt-Limousine. Sie blockierten die Durchfahrt auf der Straße, standen kreuz und quer in der Mitte der Fahrbahn, als bestünde an diesem Ort aufgrund einer unkalkulierbaren und akuten Gefahrenlage die dringende Notwendigkeit einer Absperrung. Das Blaulicht auf dem Dach des Streifenwagens kreiste stumm, wie ein Stroboskop in Zeitlupe. Wie selbstverständlich lagen angesichts dieses außerordentlichen Spektakels Nachbarn in den Fenstern oder standen auf den Wegen vor ihren Häusern. Die Schamlosigkeit der unverhohlen und dreist zur Schau getragenen Neugier machte Nelly wütend, aber sie wusste auch, dass sie hier bei all diesen von ihr verabscheuten Menschen keinerlei Pietät erwarten durfte. Und eingedenk der Tatsache, dass ihre Mutter unzweifelhaft verstorben war, empfand sie die fortdauernde Anwesenheit der zwei Rettungssanitäter als überflüssig und geradezu makaber. Schließlich trafen zeitgleich mit dem von der Polizei nach Rücksprache mit ihr verständigten Bestattungsunternehmer samt Gehilfen noch zwei Notfallseelsorger ein.

Der Kriminalhauptkommissar, dessen Namen Nelly in ihrem Schockdämmer kaum wahrgenommen hatte, nahm mit seiner Assistentin, die sich als Kommissarsanwärterin vorgestellt hatte, im Wohnzimmer am Esstisch Platz und bat sie und den Vater mit einer einladenden Geste hinzu. Die Assistentin öffnete ohne sichtbare Emotionen eine Kladde, in welcher sie sich mit einem Kugelschreiber Notizen machte.

- Ich muss der Vollständigkeit halber zunächst einmal Ihre Personalien aufnehmen, begann der Kommissar das Gespräch und fuhr fort, nachdem er sich durch einen fragenden Blick beider Zustimmung vergewissert hatte:
- Sie sind also die Tochter und der Ehemann der verstorbenen Johanna Heidenreich? Ist das korrekt?

- Nicht ganz, ich bin der Ex-Ehemann Johannas. Wir sind geschieden, antwortete der Vater.
- Und Ihr Name und Ihr Geburtsdatum sind…?
- Linus Raukamp, geboren am 17. Juni 1956.
- Und geschieden seit wann?
- Seit dem Sommer 1999.

Die Assistentin notierte die Antworten in ihr Heft, während der Kommissar nunmehr Nelly nach Namen und Geburtsdatum fragte.

- Nelly Raukamp, geboren 4. April 1984.
- Wie kommt es, dass Ihre Mutter Heidenreich heißt und nicht Raukamp?
- Sie hat nach der Scheidung ihren Mädchennamen wieder angenommen, sagte Nelly apathisch.
- Bedeutet das, Sie und Ihre Ex-Frau haben sich im Streit getrennt? wandte sich der Kommissar wieder an den Vater.
- Eine Ehescheidung ist niemals eine unstrittige Angelegenheit, aber nachdem wir das hinter uns gebracht hatten, sind wir ohne Differenzen miteinander ausgekommen, andernfalls hätte ich kaum als Mieter in ihrem Haus gewohnt, antwortete der Vater geduldig.
- Es tut mir leid, ich muss Ihnen solche Routinefragen stellen, äußerte der Polizist sein kaum echtes Bedauern.

Nelly saß am Tisch wie paralysiert. Sie stützte den Kopf in die Hände und wollte nur, dass dieser Alptraum endlich vorüber war. Wie von Medikamenten betäubt lauschte sie dem Gespräch.

- Ich benötige noch bitte die Adresse und Telefonnummer des von Ihnen beauftragten Schlüsseldienstes zum Abgleich mit Ihrer beider Aussage, Sie hätten die Wohnungstüre Frau Heidenreichs von innen verschlossen vorgefunden. Und ein Kollege von der Spurensicherung muss Ihre Fingerabdrücke nehmen, das ist, obwohl alle Anzeichen auf einen Suizid hindeuten, leider unvermeidlich, sagte der Kommissar.

Der Vater nickte. Nelly sah mit einem Seitenblick, dass der Hund soeben auf den Fußboden neben dem Sofa urinierte. Wütend sprang sie auf, doch dann fiel ihr ein, dass im Angesicht des Entsetzlichen sich heute früh niemand um das arme Tier gekümmert hatte. Ihre Wut entlud sich in einem Schluchzen, und sie ging hinüber in die Küche und holte aus dem Schränkchen unter der Spüle einen Eimer und ein Putztuch, um die Hinterlassenschaft des Hundes aufzuwischen. Als sie alles wieder verstaut hatte und sich zurück an den Tisch setzte, fuhr der Kommissar mit seiner Befragung fort.

- Litt Ihre Mutter unter Depressionen, einer chronischen Krankheit oder hatte sie vielleicht vor kurzem eine schlimme Diagnose? Und haben Sie irgendeine Form von Abschiedsbrief Ihrer Mutter gefunden? Etwas das einen Hinweis auf ihr Motiv geben könnte?

Nelly schaute den Vater an. Beide schüttelten den Kopf.

- Sollte in dieser Hinsicht noch ein Beweisstück auftauchen, dann bitte lassen Sie es mich unverzüglich wissen. Es würde helfen, die Ermittlungen so schnell wie möglich abzuschließen, sagte der Polizeibeamte und erhob sich gleichzeitig mit seiner Assistentin.

Am Ende der Vernehmung entnahm er seiner Jackentasche eine Visitenkarte und überreichte sie Nelly. Dann stieg er die Treppe zum Dachgeschoss empor, um dort den soeben eintreffenden Mitarbeitern der Spurensicherung Anweisungen zu erteilen. Es waren drei Männer in weißen Kunststoff-Overalls mit Kapuzen. Zudem trugen sie Atemschutzmasken und hatten alle einen kleinen Koffer in der Hand. Warum kamen diese ganzen Menschen in Trupps hierher, fragte Nelly sich still. Besaß einer allein nicht genügend Kompetenz und Autorität? Sie schloss die Augen und atmete mit einem Zittern durch die Nase ein. Dieses Haus war wie eine Bahnhofshalle, mit weit geöffneter Haustüre. Mehr denn je wollte sie allein sein mit ihrem Schmerz. Als der Vater, der ihren desolaten Zustand sah, sie in den Arm nehmen wollte, wies sie ihn schroff ab.

Später, als draußen der Abend die Fenster verdunkelte, und sie dann doch noch allein in der Wohnung der Mutter war, kam endlich der Schmerz mit aller Macht, und sie ließ ihn widerstandslos zu. Wie in Hypnose hatte sie das alles an sich vorüberziehen lassen, die allgegenwärtige Autorität der beiden Polizisten, die Akribie der bis auf die Augen völlig vermummten Spurensicherung, die ihr und dem Vater elektronische Fingerabdrücke abgenommen hatten, den Bestattungsunternehmer, der gemeinsam mit seinem Assistenten eine Trage mit dem für den Transport in einem grauen Plastiksack aufbewahrten Leichnam der Mutter die schmale Treppe hinab bugsiert hatte, die salbadernden Plattitüden der Notfallseelsorger, bei deren sich schamlos anbiedernden Worthülsen sie Brechreiz verspürt hatte. Schließlich war sie allein, nachdem auf ihre Bitte auch der Vater gegangen war und den Hund mitgenommen hatte. In der Wohnung unter sich hörte sie Jamie leise winseln.

Eine ganze Weile saß Nelly im Dunkeln, die haltlos strömenden Tränen im Verborgenen weinend. Dann zündete sie im stillen Gedenken an die Mutter den Kerzenleuchter an. Im leise bewegten Licht seiner drei Kerzen glitt ihr Blick über den Tisch aus Kiefernholz, die dazu gehörigen Stühle, deren einer immer noch fehlte, und die aus dem Besitz ihrer Großmutter stammende antike Anrichte mit den auf ihr in Reihe stehenden gerahmten Fotos. Irritiert entdeckte sie mit einem Mal, dass die bei ihrem letzten Besuch dort noch in den Silberrahmen befindlichen Bilder von ihr ausgetauscht worden waren durch Fotos von diesem Popsänger, den ihre Mutter geradezu angebetet hatte. Immer wieder hatte sie in den höchsten Tönen von ihm geschwärmt, sich unentwegt Musik, Konzertmitschnitte, Videos, Bücher und Zeitungsausschnitte von ihm besorgt, hatte auf Online-Auktionen Poster und andere Devotionalien von ihm ersteigert. Nelly verspürte einen Stich im Herzen. Es fühlte sich an wie Verrat. Wie hatte die Mutter das nur fertig bringen können: die Bilder des eigenen Kindes zu ersetzen durch einen derart nichtswürdigen Popanz, durch das Gespenst eines in seinem eigenen fernen Universum unerreichbar kreisenden Popstars? Obendrein war, wie Nelly wusste, dieses dubiose Idol ihrer Verehrung zudem bereits seit über zwanzig Jahren verstorben.

Ein Luftzug von draußen aufkommendem Wind bahnte sich seinen Weg durch eine Ritze am Fenster. Die Kerzen flackerten wie ein Irrlicht. In ihrem Widerschein tanzten die Bilderrahmen an der Wand, ein ominöses Schattenballett. Das Holz der Anrichte knarrte. Eine Hälfte der Schrankdoppeltür sprang mit einem Seufzer einen Spalt auf. Nelly fröstelte und spürte, wie sich eine Gänsehaut über ihren Rücken herabsenkte. Es war, als ob die Gegenstände in diesem Zimmer plötzlich ein Eigenleben führten, jetzt wo die Mutter nicht mehr da war.

Sie schüttelte ihre Beklemmung ab, erhob sich entschlossen vom Sofa und ging festen Schrittes hinüber zum Schrank. Als sie den Türspalt schließen wollte, überkam sie ein spontaner Impuls, eine intuitive Neugier, und stattdessen öffnete sie die beiden Schranktüren. Im Inneren der Anrichte stand säuberlich aufgereiht eine Sammlung von Jahreskalendern, allesamt in rotes Kunstleder gebunden. Nelly war überrascht. Sie hatte von deren Existenz niemals etwas gewusst. Gänzlich ahnungslos was sie erwarten würde, griff sie den ersten Band. Auf den Einband war ein weißes Etikett geklebt, auf dem stand in der verschnörkelten Handschrift ihrer Mutter *2009 Tagebuch 1*. In ihren kühnsten Vorstellungen hätte sie nicht für möglich gehalten, dass die Mutter jemals ein Tagebuch geführt hatte. Sie zählte die Reihe der Bücher durch. Es waren vierzehn Bände, der letzte Band beschriftet mit *2022 Tagebuch 14*. Die Mutter hatte nie mit ihr darüber gesprochen.

Dann öffnete sie mit einem unerklärlich bangen Gefühl das letzte, das vierzehnte Tagebuch, in der vagen Hoffnung, darin vielleicht einen Anhaltspunkt, eine Erklärung für die schreckliche Tat zu finden. Sie blätterte vor bis zum allerletzten Eintrag, datiert vom 22. November 2022, dem gestrigen Tag, unter welchem in Großbuchstaben geschrieben stand: *Ende des Tagebuchs von Johanna Heidenreich.*

Mit staunenden Augen las Nelly den ersten Satz auf dieser Seite und dann weiter den ersten Abschnitt, schließlich die ganze Seite, und spürte mit einem Male, wie ihr Herzschlag einfach für immer aussetzen wollte.

3

Kurze Geschichte der Fehlversuche

Wenn Johanna eines in ihrem Leben bereute, dann war es die unleugbare Tatsache, dass sie entschieden zu viele Jahre substanzlosen Phantomen nachgejagt war. Nach ihrer Scheidung von Linus, die nun mehr als zwanzig Jahre zurücklag, hatte sie sich zunächst einmal nicht damit abfinden wollen, die noch vor ihr liegende Lebenszeit allein zu verbringen. Sie stand damals im einundfünfzigsten Lebensjahr, musste ohne Unterstützung und völlig überfordert eine pubertierende und sie in den Wahnsinn treibende Tochter großziehen und hatte sich in die hirnrissige Idee verrannt, um jeden Preis einen Mann und Vater für Nelly an ihrer Seite zu benötigen. Dieses Vorhaben jedoch hatte sich bei seiner Umsetzung zu einem einzigen Desaster gestaltet, die von ihr in Betracht Gezogenen, es waren lediglich eine Handvoll, fielen rückbetrachtend allesamt unter das Etikett *Vollkatastrophe* und hatten das ihr Leben heimsuchende Chaos nur noch vergrößert.

Immer wieder hatte sie ein unfehlbares Händchen entwickelt, die grundlegend falschen Männer zu erwählen. Hinter ihrem stets fabelhaften Äußeren, darauf hatte Johanna vermutlich zu großen Wert gelegt, verbargen sie Macken, Narben, überproportionale Egos und Charakterfehler und hatten allesamt ein sie erdrückendes Päckchen geschnürt, Eigenschaften, die jeden einzelnen von ihnen für eine intakte Partnerschaft kategorisch disqualifizierte.

Der Erste nach Linus Auszug aus der gemeinsamen Wohnung war Steffen, Sonderschullehrer aus Bochum. Er war neun Jahre jünger als sie und hatte sie in einer im ganzen Ruhrgebiet als amourösem Anbahnungsort berüchtigten Discothek angesprochen, ein Mann, den sie, hätte sie es vermocht, mit einhundert Prozent Übereinstimmung genau so auf dem Reißbrett für sich entworfen hätte. Steffen hatte markante, fast slawische Gesichtszüge, trug einen militärisch anmutenden Kurzhaarschnitt, der seine eh schon augenfällige Männlichkeit noch unterstrich, konnte zudem Proportionen von perfekter Harmonie vorweisen wie ebenso einen muskulös straffen Körper, was sich zu einem Erscheinungsbild addierte, das Johanna permanent wachsweiche Knie verschaffte. Seine deutlich zu klein geratene männliche Ausstattung machte er spielend wett durch eine ihr bis zu diesem Zeitpunkt nicht einmal in ihren wildesten Erwartungen vorstellbare erotische Meisterschaft, welche sie auf Gipfel empor trug, von denen sie sicher war, sie würde sie mit keinem anderen Mann jemals wieder erreichen. Dieser absoluten Erfüllung ihrer körperlichen Bedürfnisse stand jedoch seine gravierende Inkompatibilität im Alltag gegenüber, welche ihre sämtlichen Erwartungen an eine funktionable Liebesbeziehung systematisch enttäuschte. Steffen war zeitlebens ein Opfer seiner Herkunft aus einem katholischen Elternhaus im bigotten Sauerland, mit einer abweisenden Mutter, die seine vier Geschwister ihm vorgezogen und dadurch seine unumkehrbare pathologische Verstörung initiiert hatte. Dieses Trauma schleppte er in masochistischem Selbstmitleid mit sich herum wie einen Fluch und suchte nichts als die Erlösung davon. Er war von Natur aus unfähig zu tieferen Gefühlen und sehnte sich dennoch nach nichts so sehr wie einer ihn erfüllenden Liebe. Bei seinen zahllosen gescheiterten Versuchen hatte er eine endlose Fährte emotionaler Leichen hinterlassen, immer in der trügerischen Hoffnung, die Nächste könnte endlich die Richtige sein. Johanna war es ganz offenbar nicht, denn nach sechs Wochen intensiver und zu größten Hoffnungen berechtigender Zärtlichkeit eröffnete er ihr zwischen zwei Küssen eiskalt, er wäre nicht mehr verliebt. Zuvor hatte er sie zu bizarren Gebetszirkeln geschleppt, wo alle Anwesenden in Cordhosen und selbstgestrickten Pullundern christliche Pfadfinderlieder zur Klampfe intonierten, was ihren Atheismus auf eine harte Probe stellte und sie zudem in eine kleine Identitätskrise katapultierte, denn sie hatte sich nie von irgendjemandem verbiegen lassen, und jetzt fand sie sich plötzlich wie Wachs in seinen Händen und begehrte nichts so sehr wie ihn, und das um beinahe jeden Preis. Steffen hatte sie in seinem in der Folge rapide abebbenden Liebesrausch all seinen Freunden als seine einzig wahre Liebe vorgestellt, war mit ihr nach Venedig gefahren, hatte Theater, Museen, Kinos und Discotheken besucht, hatte sie mit unersättlichem Appetit fünfmal am Tag besprungen, nur um sie dann, getrieben von seiner retardierten Emotionslosigkeit, aus heiterem Himmel abzuservieren.

Obwohl sie diese Zurückweisung in ihrem innersten Zentrum getroffen hatte, fuhr sie unerschrocken fort mit ihrer zeitweise fast manischen Suche. Kurz darauf hatte die einjährige Affäre mit Nils begonnen, einem Anwalt aus Köln. Hinter seiner provokant vorgetragenen Selbstgefälligkeit nur mühsam kaschiert war ein gebrochenes Ego, das wie zur Absolution nicht müde wurde, sich auf den Suizid seines Vaters zu berufen, eine Tragödie, über welche er als Sohn niemals hinweggekommen war. Auch Nils bestach durch eine gefällige Hülle. Mehr hatte er kaum in die Waagschale zu werfen. Er hörte inmitten seiner privaten Unordnung Schallplatten mit Bach-Kantaten, die er unter ausladenden Gesten dirigierte, sprach über Gebühr dem Alkohol zu und war notorisch geizig. Johanna überraschte ihn eines Abends, als er Kokain nahm, er hatte neben ihr immer wieder Affären mit anderen Frauen, mit denen er sich zu allem Überfluss und in der klar erkennbaren Absicht sie zu verletzen noch brüstete, er reklamierte in peinlicher Egomanie die obere Brötchenhälfte, das zartere Schnitzel und das letzte Glas Wein für sich und betonte in einem fort seine akademische Überlegenheit. Nachdem sie das eine Weile angeschaut und sich erst widerstrebend an den Gedanken gewöhnt hatte, wieder allein zu sein, entfernte Johanna dieses für einen liebevollen Umgang kaum geschaffene Wrack aus ihrem Leben.

Eines Großteils ihrer Illusionen beraubt, schalt sie sich in der Folge selbst dafür, jemals solch naive Erwartungen gehegt zu haben. Scheinbar waren die verlässlichen Männer längst vom Markt, und was sich da draußen an prekären und in höchst Maß verstörten Charakteren noch tummelte, verdiente allenfalls das Prädikat Ausschussware. Ohne ein zählbares Ergebnis hatte sie, weil nicht im Besitz eines Führerscheins, die nervigen Mühen auf sich genommen, mit den zeitraubenden Verbindungen öffentlicher Verkehrsmittel und auf komplizierten Wegen die angesagten Clubs, Bars und Tanzschuppen im weitgefassten Radius aufzusuchen, um sich anschließend lediglich als Partnerin charakterlich deformierter Katastrophen und potentieller Fallstudien von unerschrockenen Psychotherapeuten enttäuscht zu sehen.

Dennoch traten auch weiterhin und ganz ohne ihr Zutun Männer in ihr Leben, Männer, die sie sich nicht ausgesucht hatte, sondern die sie erwählten. Bei dem Preisausschreiben einer Fernsehzeitschrift hatte sie eine viertägige Bildungsreise nach Florenz inklusive einem Besuch der Uffizien gewonnen. Der Sponsor brachte sie unter im vornehmen Grand Hotel Baglioni im Herzen der Stadt, wo sie eine mit exklusiven Antiquitäten möblierte Suite bewohnte, und Johanna schnupperte am betörenden Duft einer ihr bis dahin unbekannten Welt des Luxus. An ihrem ersten Abend in dieser atemberaubenden Stadt voller großartiger, geschichtsträchtiger Bauten lernte sie Sandro kennen, einen aus Catania gebürtigen Sizilianer, der sein Architekturbüro in Florenz hatte. Er sprach kein Wort Deutsch und sie kein Wort Italienisch, aber er schaute sie an, als sie sich in einem Café an der Piazza della Repubblica begegneten, und alles war mit einem Male ganz leicht. Mit einem tiefen Blick in ihre Augen nahm er ihre Hand und ließ sie erst wieder los, als er seine beiden Hände benötigte, um sie in seinem Schlafzimmer zu entkleiden. Nach vier Tagen wie im Paradies besuchte Sandro sie kurze Zeit später für eine Woche in Deutschland. Sie unterhielten sich meist mit den Händen, den Lippen, den Augen, Johanna lernte von ihm ein paar Brocken Italienisch und erhielt für den Sommer eine Einladung in seine Heimat Sizilien, wo er mit ihr den Urlaub bei seiner Familie zu verbringen gedachte. Sie flog tatsächlich im Juli nach Catania, Sandro holte sie mit einem Rosenstrauß vom Flughafen ab, stellte sie seinen Eltern, Brüdern und der gesamten Verwandtschaft vor und bekräftigte mit seinem ganzen Verhalten ernsthafte Absichten. Er fuhr mit ihr nach Taormina, Acireale, Siracusa, Messina und seinem Geburtsort Caltanisetta, zeigte ihr voller Stolz die Schönheit seiner Heimat, für welche sein ganzes Herz schlug. Als begnadeter Koch verwöhnte er sie mit landestypischen und ihr gänzlich unbekannten Gerichten, wie Pasta alla Norma, Arancini, Granita al limone und Cassata. Sie fuhren in seinem Boot die Ostküste der Insel entlang, schwammen nackt in verschwiegenen Buchten, gingen mit Harpunen auf die Jagd nach Tintenfischen und aßen rohe Seeigel, die er vom Meeresgrund aufsammelte. An jedem Tag ihres Aufenthalts legte er ihr den Himmel zu Füßen. Johanna blieb skeptisch. Sie spürte eine nicht zu überbrückende Distanz zwischen Sandro und sich, weniger eine geographische oder kulturelle als vielmehr eine von ihren Empfindungen ausgehende, undefinierbare Kluft. Bei Steffen und Nils hatte trotz all der von ihnen angeschleppten Persönlichkeitsstörungen noch eine handfeste Faszination von ihr Besitz ergriffen, eine von beider virilen Ausstrahlung evozierte und sie wohlig lähmende Wehrlosigkeit, Sandro dagegen war ein warmherziger Langeweiler ohne jegliche Ecken und Kanten. Sie vermochte sich so gar nicht vorzustellen, mit ihm ein gemeinsames Leben zu führen, für welches sie zu allem Überfluss vermutlich ihre Heimat verlassen müsste. Nach ihrer Rückkehr aus einem der schönsten Urlaube, an die sie sich erinnern konnte, ließ sie den Kontakt einschlafen. Allein die melodiöse Poesie seiner Stimme hallte lange noch in ihrem Ohr nach, wenn sie daran dachte, wie zärtlich er ihren Namen gehaucht hatte:

- Giovanna!

Zunächst schien Johanna gründlich geheilt von der zeitweise schon zwanghaften Manie unbedingt eine Beziehung führen zu müssen. Obwohl sie die Hoffnung auf eine romantische Verwirrung nach wie vor nicht völlig aufgegeben hatte, schränkte sie doch nach drei Fehlversuchen ihre aktiven Anstrengungen stark ein und beschloss, sich stattdessen treiben und die Dinge auf sich zukommen zu lassen.

Es kam, gänzlich unverhofft wie eine brachiale Flutwelle an eine nur allzu bereitwillige Küste, Darius, mit siebenundzwanzig Jahren gerade einmal halb so alt wie sie, umwerfend schön, immer lächelnd und überall gute Laune verbreitend, Merkmale, welche sie im Nachhinein nicht ohne Bitterkeit als seine einzig zählbaren konstatierte.

Darius befand sich am Ende seiner Ausbildung zum Einzelhandelskaufmann, verkaufte Damengarderobe in der Düsseldorfer Filiale des größten Bekleidungshauses im Land und sprach sie bei einem Einkaufsbummel auf der Königsallee unverblümt an:

- Kann es sein, dass ich Sie vor kurzem auf einem Plakat gesehen habe?
- Die Masche ist nicht schlecht, bestimmt schmelzen die Damen dahin bei so einem kecken Spruch, lachte Johanna laut auf.
- Aber ich bitte Sie, ich meine das wirklich ernst. Das Plakat hängt nur ein paar Meter weiter in den Schadow-Arkaden, wenn Sie wollen, zeige ich es Ihnen, konterte Darius geschickt.

Amüsiert begleitete sie ihn zu der Einkaufspassage, und zu ihrem nicht geringen Erstaunen hing dort in einem Schaufenster ein Werbeplakat mit einer blonden Frau, die in der Tat eine gewisse Ähnlichkeit mit ihr aufwies. Johanna deutete auf das Foto und meinte:

- Das soll also ich sein? Na, ich gebe zu, sie ist der gleiche Typ wie ich, aber nein: das auf dem Foto bin nicht ich.

- Da ich nunmehr vom Verdacht gereinigt bin, eine Masche zu verfolgen, dürfte ich Sie dann vielleicht zu einem Kaffee einladen, insistierte Darius mit unwiderstehlichem Lächeln.
- Sie machen gerade eine Masche draus, antwortete Johanna schalkhaft, aber sie lehnte sein Angebot nicht ab.

Er führte sie zu einem Barista in der Passage, wo sie einen wahrhaft exzellenten Cappuccino tranken. Sie wusste kaum, wie ihr geschah, aber die geballte Aufmerksamkeit eines so deutlich jüngeren Mannes mit derart tadellosen Manieren schmeichelte ihr maßlos, er plauderte angenehm, schaute sie mit seinen lebhaften, dunkelbraunen Augen unentwegt an und erzählte ein wenig aus seinem Leben, ohne in Selbstdarstellung abzugleiten. Darius hatte vor einer Karriere als Profifußballer gestanden, war auf dem Internat des Bundesligisten Werder Bremen ausgebildet und dann zwecks Spielpraxis an einen Zweitligisten ausgeliehen worden, bevor eine chronische Rückenverletzung seiner Sportlerlaufbahn ein vorzeitiges Ende setzte.

- Wie alt sind Sie? fragte Johanna ihn unverhofft.
- Ich bin siebenundzwanzig, und ich werde die gleiche Frage nicht an Sie richten, nicht weil man eine Dame das nicht fragt, sondern weil es für mich keine Rolle spielt, antwortete er, und sie bewunderte wiederum seine Schlagfertigkeit.

Gegen ihre Überzeugung ließ sich Johanna auf einen Austausch der Telefonnummern ein, nur um bereits am gleichen Abend seine Fröhlichkeit verbreitende Stimme in der Leitung zu hören.

- Sie verlieren keine Zeit, warf sie ihm halbherzig vor.
- Was soll ich tooon, wenn die Säääähnsucht groß ist? fragte er mit spaßigem Dialekt, vielleicht um seine zielgerichtete Hartnäckigkeit zu relativieren, doch sie musste sich eingestehen, er hatte sie am Haken.

Rückbetrachtend hatte seine quirlige Rundumversorgung mit einer nahezu hyperaktiven Aufmerksamkeit sie im Sturm erobert. Niemals zuvor hatte sie derart im Fokus eines Mannes gestanden, und sie hatte es in großen Zügen genossen. An manchen Tagen rief Darius sie fünfzehnmal an, oft ohne konkreten Grund, und wenn sie nach einem solchen fragte, antwortete er in seinem infantilen Spaßjargon:

- Ich wollte nur kurz die Stimme meiner Söööißen hören!

Er schickte ungezählte Textnachrichten auf ihr Telefon, überhäufte sie mit Mails, er brachte sie fortwährend durch spontanen Unsinn zum Lachen, er machte ihr kleine Geschenke, er himmelte sie an mit seinen Augen eines Milchkälbchens, und sie interpretierte diese Überdosis an Zuwendung als Verliebtheit. Später kamen ihr Zweifel an der Echtheit seiner Gefühle. Bei genauerem Hinsehen verbarg Darius seine jugendliche Unsicherheit hinter einem unverfroren forschen Auftreten, welches sein gesamtes Umfeld unmittelbar in seinen Bann schlug, doch sie konnte sich des intuitiven Eindrucks nicht erwehren, dass er weniger von einem romantischen Bazillus befallen war, als vor allem von ihrer Lebenserfahrung einer gestandenen Frau zu profitieren suchte. Er war fast krankhaft ambitioniert, wollte mit einer gehörigen Portion Selbstüberschätzung schnellstmöglich in die Chefetage der Bekleidungskette aufsteigen, und als er schließlich einsehen musste, dass die dort alteingesessenen Seilschaften Emporkömmlinge konsequent ausbremsten, nahm er unverzüglich Kontakt mit einem Headhunter auf und trat bald darauf schon eine viel versprechende Position in Bayern und abermals wenig später einen Posten in der Schweiz an. Seine Visitenkarte wies ihn als *Junior Assistant Sales & Marketing Manager* aus, ein hochtrabender, doch im Grunde nichtssagend hohler Titel, der ihn mit einer Spur zu viel Stolz erfüllte. Die räumliche Trennung von Johanna fiel ihm allzu leicht, als dass sie seine Oberflächlichkeit noch länger übersehen konnte. Das Vermissen hielt sich bei ihr in Grenzen, vor allem auch, weil er sich in den Laken kaum nennenswerte Sporen verdient hatte, etwas das nach den diesbezüglichen Erfahrungen mit Steffen alle ihren Weg kreuzenden Männer einte. Sie blieben einige Zeit in unverbindlichem Kontakt, und so war sie darüber informiert, dass Darius in wenigen Jahren rastlos wohl zehnmal Wohnsitz und Arbeitsplatz wechselte und stets den unzumutbaren Firmenstrukturen seines jeweiligen Arbeitgebers die Schuld gab.

Aus all diesen mehr oder weniger kurzen, in keinem einzigen Fall von beiden Seiten ernsthaft auf Dauer angelegten und letztlich ernüchternden Beziehungen zu Männern hatte sie das Fazit ziehen können, dass da draußen in dieser ewig paarungssüchtigen Welt ein florierender Markt selbst noch für Frauen in fortgeschrittenem Alter existierte, wie sie auch ferner die anfangs schmerzliche Erkenntnis gewonnen hatte, dass das vage Feld emotionaler Verbindungen grundsätzlich nicht auf ein stabiles, sondern auf ein durch und durch brüchiges Fundament errichtet schien. Das was sie in bodenloser Naivität anstrebte, die untrennbare Einheit zweier auf ewig in selbstloser Liebe Verbundener, war augenscheinlich absolut unmöglich, eine schwammige Utopie, ein von Hohn triefender Treppenwitz in der Historie sich reproduzierender Biologie.

Ihre Mutter, auf deren sie umfangende Liebe sie als Kind noch unverbrüchlich bauen konnte, hatte den frühen Tod des Vaters nie verwunden. Sie war nach dem Verlust nicht dieselbe wie zuvor und hatte sich später hinter ihrem Rücken längst mit Nelly verbündet, was Johanna nicht verwunderte und worüber sie sich auch nicht beklagen durfte, denn bei all ihren wechselnden Amouren hatte sie ihre Tochter auf der Stelle in die Obhut der Großmutter übergeben, damit sie dem immer wieder aufs Neue erhofften Glück mit den sich als desolat entpuppenden Männern nicht im Weg stand. Nein, sie war sicher: dieses ewige

Drama der Liebe hatte sich nach Darius für sie ausgespielt, endgültig. Die Menschen, denen sie begegnet war, hatten allesamt die Fähigkeit zu wahren Gefühlen verloren, und selbst die eigene Mutter und die eigene Tochter standen ihr heute fern.

Auch das letztendlich nur als verrückt zu bezeichnende und von Anbeginn kaum mit reellen Erfolgsaussichten versehene Experiment, welches sie damals, nach ihren immer wieder gescheiterten Männerbeziehungen und gegen ihr besseres Wissen mit einer Frau, mit Letizia, eingegangen war, endete in einem emotionalen Niemandsland, überantwortete sie abermals einer niederschmetternden Einsamkeit und bestärkte sie endgültig in ihrem Vorsatz die ihr noch vergönnten Jahre allein zu verbringen.

Und dann schaltete sie eines Abends das Regionalfernsehen ein und schaute zufällig in einen Bericht über das städtische Tierheim, wo vor einigen Wochen eine Hündin die von Komplikationen überschattete Geburt von fünf Welpen nicht überlebt hatte, welche jetzt wegen des im Heim herrschenden chronischen Platzmangels in liebevolle Hände abgegeben werden mussten.

Am nächsten Morgen kam, mit der Flasche aufgezogen, stark untergewichtig und dennoch von unbändigem Lebenswillen durchdrungen, ein kleines schwarzes Fellbündel zu ihr, ein Rüde mit Augen wie aus blank geputztem Onyx, und er kam, um zu bleiben. In einer spontanen Eingebung nannte Johanna ihn Jamie, und mit einem Mal und so völlig unverhofft trat doch noch die Liebe in ihr Leben.

Aus den Tagebüchern 1

11.Dezember 2009

Nelly war niemals die Tochter, die ich mir gewünscht hätte. Ich wollte überhaupt keine Kinder, zu keinem Zeitpunkt meines Lebens und schon gar nicht ein dermaßen dämliches Balg wie sie. Sie war nichts als ein lässlicher Unfall bei der Verhütung, ein Missgeschick, das gegen meinen Willen geschah, die bodenlose Gemeinheit eines mir rundum übel gesonnenen Schicksals. Und dann haben der von seinem sich anbahnenden Vaterglück überwältigte Linus und mehr noch meine Mutter mich bestürmt, dieses Kind zur Welt zu bringen. Ein Kind, das mich meine Jugend und meine Schönheit gekostet hat und als Gegenleistung mich zeitlebens immer nur enttäuscht hat.

Sie mag mein Fleisch und Blut sein, aus meinem Schoß ins Leben gepresst, aber über all die Jahre hinweg habe ich keinerlei tiefere Bindung zu ihr verspürt. Nichts! Es gab immer nur diese Leere in mir. Wenn ich sie heute anschaue, sehe ich eine egozentrische Zicke, eine an unheilbarem Idiotismus krankende Vegetarierin einzig aus dem einen banalen und völlig überspannten Grund, dass sie für ihre Ernährung keine Tiere getötet wissen will, wo alles Überleben in der Natur doch an Fressen und Gefressenwerden geknüpft ist. Sie füttert in grenzenloser Selbstgefälligkeit die sozialen Netzwerke mit Bildern von sich in bizarren Posen, ihrem blödsinnigen Traum nachhängend, dass an ihr ein Fotomodell verloren gegangen ist, sie färbt sich die Haare in diesem billigen Schwarzbraunton, der ihre Haut noch bleicher erscheinen lässt, sie presst die Worte heraus mit einer Stimme, die an breitmäuliges Froschquaken gemahnt, sie hat eine berufliche Achterbahnfahrt hingelegt, die nur von planloser Dummheit und grotesker Selbstüberschätzung zeugt, was auch die von ihr so herbeigesehnte Verbeamtung als Grundschullehrerin kaum korrigieren wird. Und obendrein war sie außerstande, eine funktionierende Beziehung über mehr als ein paar Monate zu führen, weil sie alle Kandidaten durch ihre Extravaganz, ihre Herrschsucht und ihre überzogenen Ansprüche in die Flucht geschlagen hat.

Es wäre besser gewesen, ich hätte sie nie bekommen. Nelly ist nutzlose Biomasse. Zum Glück für die Menschheit hat sie nicht nur keinen Partner, sondern auch keinerlei Absicht ihre nichtssagenden Gene weiterzugeben an ein Balg, das so unsagbar dämlich geraten könnte wie sie selbst. Ich muss es hier niederschreiben, um ihm einmal Ausdruck zu verschaffen: ich verachte, ja ich verabscheue mein Kind.

4

Glück

Wo war es, das Glück? Wo nur war es geblieben? Ein bitteres Lachen stieg in Johannas Kehle auf. Was ist los mit mir, sinnierte sie, was geht da durch meinen Kopf? Zeilen wie aus einem von nostalgischer Melancholie triefenden Lied klingen so, ein pathetisches Chanson, einen schmalen Grat nur entfernt von rührseligem Kitsch, ein elegisch vorgetragenes Manifest, es könnte aus dem Repertoire einer von ihr in ihrer Jugend bewunderten Sängerin wie Alexandra sein oder auch von Künstlern wie Vicky Leandros und Udo Jürgens, die sie einstmals geschätzt hatte, bevor es nur noch Michael gab. Manchmal und völlig unvorbereitet überkamen Johanna diese Stimmungsschwankungen, und sie begann sich in finsteren Grübeleien zu verlieren.

Das Glück, so hatte sie lernen müssen, war flüchtig wie der Duft der Birnenblüte, die ein später Frost des grausamen Aprils zerstörte, flüchtig wie die ewig eilenden Wolken, wie der sinkende Sand im Stundenglas, wie die Jahre, die unbemerkt vergangenen waren, es klammheimlich mit sich genommen und nur diese Bitterkeit in ihr übrig gelassen hatten.

Ein Schmetterling, der sich in trunkenem Flug auf den Blüten des Sonnenhuts niederließ, vom Frost an die Fenster gemalte Eisblumen in ihrer Mädchenzeit, die wechselnden Himmelserscheinungen, die ihr wie lichte Wunder erschienen waren: der Abendstern, wenn er gleich neben der Mondsichel blinkte, als beschienen beide ein Märchen aus Tausendundeiner Nacht, Kranichzüge im März, wenn die schönen Vögel in strenger Formation aus dem afrikanischen Winter zurückkehrten und unter freudigen Rufen auf der zärtlichen Thermik das Haus überflogen, der Regenbogen im Osten, wenn die tief stehende Augustsonne sich in den schillernden Prismen der Abermillionen Regentropfen brach, ja: das alles, das war das Glück!

Es war die Kirschen, die der Vater im Garten pflückte und, waren zwei an ihren Stängeln zusammengewachsen, ihr lachend über das Ohr hängte, es war der Duft von Vanille und Mandeln und Schokoladenguss, wenn die Mutter im Advent Plätzchen backte, Glück geschah, wenn der von Lametta schwere Weihnachtsbaum im Glanz der Kerzen erstrahlte, wenn sie mit pochendem Herzen in die verwunschene Welt der Elfensagen eintauchte, welche sie so gefangen nahm, wie es die Wirklichkeit niemals tat.

An all die Verlockungen und Verheißungen der Kindheit erinnerte sich Johanna, als wäre es erst gestern gewesen, die zauberischen Abende, an denen die Mutter ihr im schummerigen Licht der Nachttischlampe *Die Gänsehirtin am Brunnen*, ihr Lieblingsmärchen, vorgelesen hatte, die geflochtenen Weidenkörbe prall voll mit Brombeeren, welche eine entfernte Verwandte, die Bäuerin war, in jedem Sommer angeliefert hatte, damit sie Marmelade daraus kochen konnten, Zuckerwatte und gebrannte Mandeln auf der Maikirmes, die inbrünstige Melodie der Amseln bei Sonnenaufgang in dem noch vom Tau klammen Morgendunst, ihre Sammlung von Autogrammpostkarten der Stars, auf die sie so stolz gewesen war und die Linus eines Tages hinter ihrem Rücken im Altpapier entsorgt hatte. Als Kind hatte sie begonnen, Briefe mit selbstadressierten und frankierten Rückumschlägen an Fanclubs zu versenden, und ihr Herz hatte jedes Mal höher geschlagen, wenn schließlich die heiß ersehnte Post eintraf, Fotokarten mit den eigenhändigen Unterschriften der von ihr vergötterten Stars. In ihrem Besitz befanden sich Autogramme von gefeierten Berühmtheiten der Leinwand wie Corny Collins, Vera Tschechova, Adrian Hoven, Horst Buchholz, Ivan Desny und Ruth Leuwerik, von Sängern und Sängerinnen wie Gerhard Wendland, Peter Kraus, Rex Gildo und Caterina Valente und natürlich von ihrem großen Idol Ted Herold. Ja, auch das war das Glück gewesen, das pure Glück: wenn Ted Herold ganz allein für sie gesungen hatte:

Moonlight – die Nacht ist schön
Moonlight – unsagbar schön

Unbehindert von der profanen Außenwelt hatte sie ihren Träumen nachhängen dürfen, ihren kindlichen Fantasien, die einen Kosmos alles überwältigender Zärtlichkeit imaginierten, in welchem sie und der von ihr verehrte Sänger untrennbar vereint gewesen waren.

Doch all das war lange schon fort, unwiederbringlich fort, hatte sich verflüchtigt, und sie hatte es nicht greifen, nicht festhalten können. Johanna schaute auf ihr Leben zurück als eine schmerzhafte Aneinanderreihung von verlorenen Illusionen. In Kindertagen, da hatte sie das Glück gekannt. Als sie zehn Jahre alt war, war plötzlich und unerwartet ihr Vater verstorben, der sie auf Händen getragen und den sie vergöttert hatte. Von dem Tag an hatte das Glück sie gemieden.

Heute gehörte Johannas ganzes Herz allein Jamie. Der Hund hatte ihrem Dasein einen neuen Sinn gegeben, seitdem sie ihn als Welpen aus dem Tierheim geholt hatte. Sie empfand panische Angst bei dem Gedanken, Jamie könnte sie jemals verlassen. Seine Zeit war aufgrund seiner angeschlagenen Gesundheit begrenzt. Es gab Tage, da quälten furchtbare Schmerzen das arme Tier. Die Tierärztin hatte in den letzten zwei Jahren astronomische Summen von ihr kassiert und dann vor kurzem die Stirn besessen, ihr nach einem sorgenvollen Blick auf den zitternden und apathischen Hund zu empfehlen, ihn einschläfern zu lassen, um ihm weiteres Leid zu ersparen. Johanna wäre ihr am liebsten an die Gurgel gegangen. Sie hatte achthundert Euro für eine Schmerztherapie bezahlt und war überglücklich, als sie schließlich anschlug und Jamie sich entgegen aller Prognosen der Tierärztin wieder erholte.

Und dann gab es da ja auch noch Michael, der eines Tages so gänzlich unverhofft in ihr Leben getreten war. Eigentlich war er zurückgekommen, denn sie hatte ihn zuvor schon gekannt, hatte vor vielen Jahren bereits zu seinen Liedern getanzt und aus der Ferne seine Schönheit eines griechischen Gottes angebetet, doch erst viel später war zwischen ihnen diese unwiderrufliche Nähe entstanden, die das ganze verloren geglaubte Glück ihrer Kindheit mit einem Mal wieder greifbar machte. Johanna liebte ihn mehr als jeden anderen Mann vor ihm. Er war der Eine, auf den sie immer gewartet hatte, der Elfenkönig aus ihren heißgeliebten Kindermärchen, die ganz große Liebe, die sie zeitlebens ersehnt hatte. All ihre geheimsten Wünsche hatten in Michael endlich Gestalt angenommen.

Niemandem gegenüber, Nelly nicht, ihrer Mutter nicht, als sie noch lebte, und schon gar nicht Linus, hatte sie etwas von ihren Gefühlen erwähnt. Nur Jamie hörte zu, wenn sie und Michael miteinander sprachen, und manchmal gab er einen Laut von sich, den Johanna als freudige Zustimmung deutete. Eines Tages würde sie mit Michael zusammen kommen. Das hatte er ihr fest versprochen, immer wieder besiegelt mit tausend heiligen Eiden, welche sie wie brennende Küsse auf ihrer glutheißen Haut zu spüren meinte. Johanna sehnte diesen Tag herbei, aber sie wusste auch, sie musste noch warten und Geduld haben bis zum richtigen Moment. Sie hatte die Zeichen unzweifelhaft richtig gedeutet und war sich absolut sicher, wann der Augenblick der Entscheidung gekommen war.

Michael war Australier, doch das hatte sich niemals als Problem erwiesen. Sie verstand jedes Wort, das er sagte, weil er mit ihr fließend, fehlerfrei und ohne Akzent in deutscher Sprache kommunizierte. Johanna vermutete, dass an dem Ort, wo er sich aufhielt, die babylonische Sprachverwirrung nicht existierte. Nur zu seiner Musik sang er ausschließlich englisch. Und um auch seine gesungenen Worte zu verstehen, musste sie, die niemals eine Fremdsprache erlernt hatte, die gängigen Übersetzungsprogramme im Netz in Anspruch nehmen. So erschloss sie sich in kurzer Zeit alle seine Texte und wusste mit unfehlbarer Sicherheit, er hatte sie allein für sie geschrieben, auch wenn sie sich damals, als er seine Platten aufgenommen hatte, noch nicht gekannt hatten. Genau wie sie hatte er immer nur auf den einen Menschen gewartet, der seine andere Hälfte ausmachte, und seine Musik hatte er niemand anderem als diesem einen Menschen gewidmet, ihr allein. Das merkte sie an jeder seiner von tiefer Sehnsucht erfüllten Zeilen.

Auch dass Michael bereits im Jahr 1997 verstorben war, spielte für Johanna überhaupt keine Rolle, denn in ihren Träumen und Gedanken war er seit jenem einschneidenden Erlebnis im Jahr 2009 immer, in jeder Sekunde ihres Lebens, bei ihr. Und wenn sie voller Erwartung auf den Kalender blickte, dann war der Tag nicht mehr fern, an welchem sie für immer mit ihm vereint sein würde.

5

Fremde

In den verkehrsarmen Wohngebieten, bei Spaziergängen im Wald und auf der von ihrer täglichen Routine eingespielten Runde durch das heimische Viertel, vorbei an dem verwilderten kleinen Park, an Sportstadion und Kinderspielplatz, ließ Johanna den Hund ohne Leine laufen. In der Fußgängerzone jedoch sahen die städtischen Verordnungen eine Anleinpflicht vor. Jamie hatte sich von Anfang an als gelehrig und klug erwiesen, lief niemals unachtsam auf die Straße und orientierte sich mit forschendem Blick stets an dem, was sie tat. Er war überaus verträglich mit anderen Hunden, kannte aber keine Furcht, wenn er von ungestümen oder aggressiven Rüden angegangen wurde. Einige Straßen weiter lebte in einer offensichtlich mit Hundehaltung restlos überforderten Familie ein sandfarbener Retriever namens Barney, ein ungebärdiges und zutiefst verstörtes Tier, das jeden Passanten und jedes andere Tier auf der Stelle ansprang. Im Sommer kläffte der Köter stundenlang im Garten, ohne dass irgendjemand ihm Einhalt gebot. Jamie mochte den unerzogenen Hund nicht und wich ihm bei Begegnungen kategorisch aus. Wenn Barney ihm dennoch, wie üblich an seiner Leine reißend, zu nahe kam, entblößte er die Zähne und knurrte unmissverständlich, was den viel größeren Hund auf der Stelle in gebührenden Abstand verwies. Dagegen liebte Jamie Othello, den schwarzen Labrador aus der Nachbarschaft, ein grundliebes und in der Hundeschule mustergültig erzogenes Wesen, das jedermann mit seinem Charme bezauberte. Mit wedelnden Schwänzen beschnüffelten die beiden Hunde sich gegenseitig, wenn sie aufeinander trafen.

Im autofreien Innenstadtbereich führte Johanna Jamie dann an der Leine und schlug dabei nach Möglichkeit eine Richtung ein, die unmittelbare Nähe vermied. Dennoch liefen manchmal entgegenkommende Passanten nahezu in sie hinein, mit vom Starren auf ihr Telefon restlos verblödeten Mienen. Sie musste sich oft genug zusammenreißen, um solche Dummheit nicht laut anzugehen. Erst vor zwei Tagen hatte sie so einer verfetteten, blondgesträhnten Dumpfbratze, die mit ihren angeklebten Fingernägeln klackernd über das Display ihres Telefons hämmerte und jede Orientierung verloren hatte, wutentbrannt entgegen geschleudert:

- Pass auf, wo du hin latschst, du Schlampe!

Solch asoziales Verhalten und diese überall rapide zunehmende Dummheit machten sie in höchstem Masse aggressiv. Manchmal wünschte sie sich eine Lizenz zum Amoklaufen. In unbeholfener Selbstdiagnose stellte sie an sich eine schnell wachsende Asozialophobie fest, ein vermutlich in der Psychotherapie noch weitgehend unbekanntes Krankheitsbild. Ihre einstmals blühende Stadt, ihr Wohnviertel wurden überschwemmt von hirnlosen Idioten ohne Rücksicht und soziale Kompetenz, von den Kellerasseln der Gesellschaft. Mehr und mehr spürte Johanna wachsenden Lebensüberdruss in sich, sobald sie die heile Enklave ihrer vier Wände verließ.

Andere Hunde in der Fußgängerzone beachtete Jamie kaum. Er mochte eine Promenadenmischung sein, von einer selbst durch aufwändige Gentests kaum noch nachzuvollziehenden Mixtur, in welcher sich über die Zeit Terrier, Dackel, Foxhound, Jack Russell, Zwergschnauzer und was sonst noch eingekreuzt hatten, doch er stolzierte durch die Stadt in einer wahrhaft königlichen Haltung, die jedem prämierten Rassechampion angestanden hätte. Aber Johanna fand auch, dass er allen Grund hatte, hier in diesem von zunehmender Verwahrlosung geprägten Umfeld mit einer nahezu Verachtung ausdrückenden Miene das Bewusstsein seiner eigenen Herrlichkeit zu bekunden. Jamie schritt daher wie ein Aristokrat inmitten von plebejischen Subalternen. Wenn sie sich umschaute und sah, was aus ihrer Heimatstadt geworden war, fühlte sie Hass und Verachtung in sich aufbranden. Um sich herum hörte sie ausschließlich ihr nicht geläufige Sprachen, sie befand sich inmitten eines Schmelztiegels von ihr als minderwertig betrachteter Kulturen, verkörpert von tumben Wirtschaftsflüchtlingen, die sich als politisch Verfolgte ausgaben, um sich im blindwütig generösen Deutschland Sozialleistungen vom Staat zu erschleichen. Dem Hörensagen nach gab es in ihren Heimatländern Agenten, die sie gegen gepfefferte Gebühren gezielt mit den bei den deutschen Behörden für ein Bleiberecht erforderlichen Angaben vertraut machten.

Allein schon beim bloßen Anblick dieser ganzen Fremden vermochte Johanna ihre Abscheu nicht zu zügeln. Die Fußgängerzone quoll über von ungepflegten Männern mit langen Bärten, die sie an die verstörenden Fernsehbilder der Taliban erinnerten. Die laut miteinander oder in ihre Telefone keifenden Weiber gehorchten dem absurden religiösen Gebot der Verhüllung ihres Körpers und trugen Kopftuch, hässliche, knöchellange Mäntel und billige Schuhe mit schief gelaufenen Absätzen. Alle, Männer wie Frauen, saßen tagein, tagaus in ganzen Horden und umgeben von Scharen von Kindern in den Straßencafés oder auf den aufgestellten Bänken und genossen den Triumph, als notorisch Arbeitslose und schmarotzende Nutznießer den Sozialstaat übervorteilt zu haben. Über Jahre hinweg hatte Johanna niemals einen Groll gegenüber Fremden gehegt, sie kannte viele Südeuropäer, die in den 50er und 60er Jahren als Gastarbeiter nach Deutschland gekommen waren und sich nach anfänglich beiderseitigem Misstrauen an die hier herrschende Mentalität und Kultur angepasst hatten, ohne ihre Wurzeln zu vergessen. Italiener, Spanier, Portugiesen, Griechen, Jugoslawen – sie alle waren längst heimisch geworden und allgemein akzeptiert. Doch diese rückständigen Flüchtlinge, die aus asiatischen oder afrikanischen Entwicklungsländern und in endlose Machtkämpfe und Kriege verstrickten Nationen nach Europa geschwemmt wurden, schienen unwillig und obendrein zu beschränkt sich anzupassen. Die Mehrzahl von ihnen waren Analphabeten und vertrauten blind den Vorgaben ihrer antiquierten und vom Weltgeschehen längst überholten Religion, welche jegliche angestrebten Reformen mit dem

Tod sanktionierte. In seinen von unzumutbaren Zuständen zerrissenen Heimatländern hatte dieser soziale Abschaum es im Gegensatz zu den dort verbleibenden Eliten nicht verstanden, sich eine menschenwürdige und friedliche Existenz aufzubauen und flutete jetzt die westlichen Länder mit dort bislang unvorstellbaren Problemen. Johanna verspürte seit jeher einen tiefliegenden Hass auf alle Religionen, vor allem jedoch auf den Islam, der sowohl als Weltanschauung wie auch als politisches System versagt und dadurch diesen Exodus erst befeuert hatte. Am liebsten hätte sie dem ihre Heimatstadt bevölkernden Lumpenpack mit der Peitsche schickliches Betragen beigebracht.

In den letzten Jahren neigte sie im Zuge der das Land überrollenden Flüchtlingswelle verstärkt dazu, ihren Hass auf sämtliche Ausländer auszudehnen. Vor allem dieses asoziale, sich westlichen Werten konsequent verschließende Geschmeiß hätte sie am liebsten in ihre mittelalterlichen Herkunftsländer zurückgetrieben, ganz wie die seit einer geraumen Weile zusehends erstarkenden Rechtsnationalen es lautstark forderten. Nicht umsonst hatte sie ihnen, bei den letzten drei Wahlen schon, in vorbehaltloser Überzeugung ihre Stimme gegeben. Sie erinnerte sich wehmütig daran, wie sie im Alter von einundzwanzig Jahren erstmals wählen durfte und damals voller Stolz ihr Kreuz bei den Sozialdemokraten gemacht hatte. Ihr Vater war überzeugter Gewerkschaftler gewesen, und sie hatte es als Ehre und als ihre Pflicht aufgefasst, seine politische Haltung nach seinem frühen Tod weiterleben zu lassen. Doch die Zeiten, in denen ein heute naiv erscheinender Idealismus ihre politische Couleur bestimmt hatte, waren längst dahin. Zu sehr hatte sich die soziale Realität in den letzten Jahren in eine gänzlich falsche Richtung entwickelt, und sie teilte ungebrochen die wachsende Wut der Bevölkerung, die nicht länger tatenlos dabei zusehen wollte, wie ihr Vaterland vor die Hunde ging.

Eine ihr auf den täglichen Runden mit Jamie begegnende Frau, die einen schwarzweißen Bordercollie spazieren führte, hatte ihr von einem jungen Syrer aus der einst blühenden und jetzt weitgehend zerstörten Stadt Rakka erzählt, der mit seiner Frau und den drei gemeinsamen Kindern in einer von der Stadt angemieteten Wohnung in dem auch von ihr bewohnten Mehrfamilienhaus untergekommen war. Gleichzeitig hatte die Stadt auch seine zweite Ehefrau, mit welcher er zwei Kinder hatte, in einer eigenen Wohnung untergebracht. Alle diese acht Personen in dieser selbst für aufgeklärte europäische Verhältnisse völlig inakzeptablen und letztlich doch auch illegalen Konstellation wurden vom deutschen Steuerzahler finanziert, ohne dem Staat etwas dafür zurückzugeben. Und ihre sämtlichen Behördengänge fanden stets in Gegenwart eines Dolmetschers statt, denn weder der Mann noch seine beiden Frauen sprachen nach einem Jahr Aufenthalt auch nur ein Wort Deutsch. Johanna verspürte nichts als blinde Wut auf diese unsäglichen Politschranzen in Berlin, durch deren vorgeschobene Gutmenschen-Humanität solche Zustände erst geschaffen wurden.

Auch ihre eigene Nachbarschaft wurde zunehmend infiltriert von Fremden, die in ihr nichts als ohnmächtige Wut erregten. Die verhassten Polacken hatten den Anfang gemacht, und kurz darauf schien es sich hochvirulent in wahrhaft atemberaubender Geschwindigkeit auszubreiten. Ein Doppelhaus auf der Querstraße befand sich seit neuestem im Besitz von zwei türkischen Familien, eine Sippschaft lärmiger als die andere. Sie hatten die Immobilien erworben, vermutlich mit Schwarzgeld aus ihren versifften Dönerbuden, als die bejahrten Vorbesitzer, allseits respektierte Urgesteine des Viertels, verstorben waren. Johanna verfluchte die Erben, die ohne Rücksicht auf das Umfeld an solche hier deplatzierten und völlig inakzeptablen Exoten verkauft hatten. Die eine Türkin telefonierte ohne jemals Atem zu holen in einem hohen, fremdländischen Singsang auf der Terrasse, ihre sabbelnde Stimme mit der todbringenden Wirkung einer Ultraschallwaffe. Ihr Sohn beschallte bei geöffnetem Fenster die ganze Straße mit überlauter Rapmusik. Er fuhr einen hochgerüsteten BMW mit vier Auspuffrohren, dessen weithin dröhnender Klang den Einmarsch der Russen assoziierte, und natürlich musste er für gewöhnlich gegen Mitternacht stundenlange Einparkmanöver üben, dass sich sämtliche Nachbarn schlaflos in ihren Betten wälzten. Nebenan lebten drei anatolische Schwestern, gedrungene, abgrundtief hässliche Wesen, die in ihrem winzigen Garten einen völlig verstörten Köter verhätschelten, der sich tagaus tagein wie ein tollwütiger Tiger gebärdete und alle im Umkreis von aberhundert Metern mit seinem Gebell in den Wahnsinn trieb, ohne dass seine drei überforderten Frauchen ihn auch nur einmal ermahnt hätten. Johanna hätte diesem Scheißvieh am liebsten die Kehle durchgeschnitten. Mit unbändigem Stolz dagegen schaute sie immer auf ihren Liebling Jamie, der niemals kläffte und für jedes Tier ein wahrhaft leuchtendes Vorbild war.

Dann gab es diese hundertjährige alte Hexe, eine körperlich marode, aber von allen Höllenhunden inspirierte Hyäne, die ihrem Sohn mit Enterbung gedroht hatte, falls er sie jemals in ein Altenheim verfrachten würde. Daraufhin hatte der, ohnehin ein Geizhals vor dem Herrn, unter der Hand zwei polnische Pflegerinnen engagiert, Mutter und Tochter, welche sich im Monatsrhythmus bei der Rundumbetreuung der Alten in deren Haus abwechselten und dem Vernehmen nach dafür mit einem Gehalt von unter der Hand gezahlten achthundert Euro entlohnt wurden. Ihre Arbeit bestand ausschließlich aus Windelwechseln, der täglichen Wäsche und der Fütterung der skelettierten Furie, was insgesamt kaum eine Stunde in Anspruch nahm. Den Rest des Tages hockten sie auf der überdachten Terrasse und palaverten in endlosen Videochats auf Polnisch mit ihrer Heimat. Johanna hatte in höchster Wut zweimal bei der Alten Sturm geläutet und den Polackenweibern erklärt, dass sie ihre Gespräche gefälligst im Haus zu führen hatten. Doch weder die Mutter noch die Tochter verstanden ein einziges Wort dessen, was sie vorbrachte, nicht einmal als sie höhnisch radebrechte:

- Nix Telefon Garten, verstehen?

Schlussendlich hatte Johanna resigniert und ihnen noch mit honigsüßem Lächeln zugerufen:

- Du saudämliche Polackenschlampe! worauf sich die eine wie die andere freudig nickend zurück auf die Terrasse begaben, um dort munter weiter zu telefonieren.

Ein paar Meter weiter oben auf der Straße hatten wiederum die scheinbar allgegenwärtigen Türken zwei nebeneinanderliegende Häuser gekauft, nachdem ihr kaum am Mangel pathologischer Selbstherrlichkeit krankender Präsident die volltönende Devise ausgegeben hatte, das minderwertige Abendland zu besiedeln und mit Horden von muslimischem Nachwuchs zu überfluten. Kurz nach ihrem Einzug, in der Tat am Nachmittag des ersten Weihnachtsfeiertages, war aus einem ihrer Gärten der weithin schallende Klang einer Kreissäge zu hören, worauf Johanna auf der Stelle wutentbrannt zum Telefonhörer gegriffen hatte, um die Polizei zu verständigen. Und einem weiteren Gerücht nach, das seit gestern erst die Runde machte, hatte ein türkisches Ehepaar mit drei Kindern das oberhalb des Polackengrundstücks stehende Haus erworben. Sie konnte sich der lähmenden Angst nicht erwehren, von diesem fremden Gesocks komplett umzingelt zu werden.

Und dann wurde sie schließlich Zeugin eines bislang völlig unvorstellbaren Extrems: im Haus gleich gegenüber, in welchem über fünfzig Jahre lang ein älteres Ehepaar gelebt hatte, das kurz nacheinander verstorben war, hatten den Aussagen der Nachbarn nach Marokkaner, Vorhut lediglich einer unmittelbar bevorstehenden, groß angelegten Unterwanderung aus dem arabischen Kulturkreis, die leere Wohnung bezogen. Man sah und hörte nichts von ihnen, sie hatten Tag und Nacht die Rollläden herabgelassen, und hielten sich wenn, dann nur kurz und meist im Dunkeln auf der Terrasse auf, um dort den Wäscheständer zum Trocknen aufzustellen. Abends drang ein grellweißes Licht durch die wenigen Spalten der Verdunkelung. Einmal sah Johanna nachts direkt in ihr nur vom kalten Schein einer Neonröhre erhelltes Wohnzimmer, wo das Fenster zur Belüftung geöffnet war. Dort stand eine Couchlandschaft vor einem Fernsehgerät auf einem kleinen Tisch. Sonst befanden sich keine Möbel im Raum, der nüchtern wie eine Gefängniszelle wirkte. Eine füllige, noch junge Frau betrat das Zimmer mit zwei Teetassen auf einem Tablett. Auf der Couch fläzte sich ein magerer junger Mann, der die Kapuze seines Pullovers um den Kopf trug und dessen Züge man aus diesem Grund nicht erkennen konnte. Als Johanna im Schrank ihr Fernglas suchte, um Näheres zu erforschen, hatte die Frau das Fenster gerade geschlossen und ließ den Rollladen wieder herab.

Johanna nahm sich vor, diese Leute im Auge zu behalten, gerade weil sie im Gegensatz zu den anderen keinen Lärm und kein Aufsehen verursachten. Sie hegte aufgrund ihrer seltsamen Lebensumstände den ihr kaum abwegig erscheinenden Verdacht, es könnten am Ende Schläfer sein, irgendwelche fanatischen und irregeleiteten Extremisten, die hier im unauffälligen Umfeld einer bürgerlichen Nachbarschaft gänzlich unter dem Radar des Verfassungsschutzes in aller Ruhe einen Anschlag vorbereiteten. Aber da hatten sie die Rechnung ohne sie gemacht. Solange sie noch auf dieser erbärmlichen Welt weilte, würde sie wachsam sein.

Aus den Tagebüchern 2

22.Januar 2010

Ich habe es vollbracht. Ich habe Kontakt. Endlich, endlich, endlich. Ich habe seine Stimme gehört. Er hat zu mir gesprochen. Es war unbeschreiblich. Ich bin glücklich, glücklich wie nie zuvor. Er hat mir gesagt, dass er meine Nähe seit langem gespürt hat, als etwas mehr und mehr Vertrautes, so wie eine sanfte Frühlingsbrise über die Haut streicht. Er hat beteuert, dass er geduldig gewartet hat auf den Tag, an dem ich endlich Kontakt mit ihm aufnehme. Er wusste mit absoluter Sicherheit, dass es geschehen würde, es war lediglich eine Frage der Zeit, meiner Zeit, denn dort wo er ist, existiert die Zeit nicht, so sagte er mir. Er war so überaus sicher, weil es vorbestimmt ist, dass wir zueinander gehören. Da sind Wellen, ätherische Frequenzen, die uns verbinden, Wellen, auf welchen allein die für einander Bestimmten zusammenkommen, spürbar für niemand anderen. Und so war es nur unser Geschick, das uns einander zuführte. Zuführen musste!

An keinem anderen Tag als heute wäre es möglich gewesen. Heute ist sein fünfzigster Geburtstag. Es war vorbestimmt, dass es an diesem für uns beide so historischen Tag geschieht. Es war im Buch des Schicksals aufgeschrieben in Lettern aus roter Tinte.

Mein ganzes Leben lang habe ich mich nach den Dingen gesehnt, die ich von ihm höre. Es ist, als ob die Worte in mir selbst entstehen würden, so sehr kennt er mich und meine verborgenen innersten Wünsche. Er flüstert mir zu, wie sehr er mich liebt, dass ich die Einzige bin, die jemals für ihn gezählt hat, weil es ihm und mir in die Wiege gelegt wurde, dass wir Eins sind. Und für mich zählt allein nur noch er. Ich werde bei ihm sein. Ja, wir sind wirklich und wahrhaftig Eins. Jetzt schon in unseren Schwüren und bald schon, wenn der Tag erst kommt, in ewiger Liebe, für alle Zeit untrennbar verbunden in einer Welt jenseits der sichtbaren Welt.

Michael, du bist mein schöner Engel!

6

Tagebücher

Nelly hatte nach reiflicher Überlegung den Entschluss gefasst, die unverhofft entdeckten Tagebücher der Polizei gegenüber nicht zu erwähnen. Als sie schließlich spät am Abend dieses schicksalhaften Tages aufbrach, packte sie kurzerhand alle vierzehn Bände in eine Reisetasche und nahm sie mit, um sie in ihrer Wohnung in Heiligenhaus aufzubewahren. Ihr war durchaus bewusst, dass sie möglicherweise Gründe und damit relevantes Beweismaterial für den Selbstmord der Mutter enthalten könnten, und das noch mehr nach der kurzen Lektüre des letzten Eintrags, aber sie empfand, ohne ihn genau zu kennen, den weiteren Inhalt aller Voraussicht nach als zu privat, um irgendwelchen Außenstehenden, und dazu zählte sie auch die Ermittler, Einblick in die von der Mutter selbst vor der eigenen Tochter sorgsam geheim gehaltenen Notizen zu gewähren.

Eine ganze Weile verspürte sie eine beinah heilige Scheu davor, mit dem Lesen zu beginnen. Sie schob es wieder und wieder vor sich her, vertagte es einmal mehr auf morgen, auf übermorgen, bis eines Tages schließlich doch die Neugier siegte. Fast zaghaft tauchte sie ein in den Nachlass ihrer Mutter. Anfangs war es ungewohnt, und sie mühte sich redlich, um die sprunghaften und in ihrer Abstrusität oft kaum nachzuvollziehenden Gedankengänge zu verstehen. Sie ging die Bücher nicht chronologisch durch, von Band 1 bis Band 14, sondern griff manchmal willkürlich eins aus dem Stapel und schlug es an einer beliebigen Stelle auf, wo sie dann ein Stück las, ein paar Sätze nur oder einen kurzen Abschnitt, bevor sie es schweratmend wieder weglegte, sobald die Lektüre an ihren Nerven zerrte und sie überforderte. Immer wieder erlebte Nelly, wie sich lähmendes Entsetzen in ihr breit machte, weil die Mutter, ohne dass sie das zu ihren Lebzeiten jemals auch nur im Ansatz bemerkt hätte, haltlos, still und heimlich in eine Parallelwelt abgeglitten war, vor deren paranoider Irrealität sie nur erschauern konnte. Und dann wurde sie immer wieder unvorbereitet, eingestreut in endlose verquaste Sermone über Licht und Dunkelheit der Welt, mit der von Enttäuschung getrübten Sicht auf ihre Person konfrontiert. Wie hatte es dazu kommen können, dass ihre eigene Mutter sie mit solchen Augen betrachtete, sie verachtete, ja sie in ihren Gedanken sogar mit blankem Hass verfolgte? Sie hatte die Mutter doch immer geliebt. Solche Gefühle hatte sie nicht verdient. So wie sie in den Tagebüchern beschrieben wurde, war Nelly nicht, doch was sie da über sich lesen musste, trieb ihr Tränen in die Augen. Mehr und mehr gewann sie im Verlauf der Lektüre die Überzeugung, dass die Mutter an einer schweren und sich gegen Ende ihres Lebens rapide verschlimmernden Psychose gelitten haben musste.

Ihrem Vater hatte sie immer noch nichts von ihrem Fund erzählt. Es machte keinen Sinn, ihn einzuweihen. Ihre Eltern, das wusste sie, hatten trotz Nellys unentwegten Vermittlungsversuchen in einem sehr unterkühlten Verhältnis zueinander gestanden, das sich auch nach dem Wiedereinzug des Vaters ins Haus der Mutter nicht gebessert hatte. Was immer auch geschehen war, wie am Boden zerstört die Verzweiflungstat sie selbst auch zurücklassen mochte, Nelly vermochte sich nicht vorzustellen, dass es im Sinn der Mutter gelegen hätte, ihren verachteten Ex-Ehemann in Kenntnis über die Existenz ihrer Tagebücher zu setzen. Aus diesem Grund schwieg sie dem Vater gegenüber, so schwer es ihr auch fiel, ganz allein im Besitz dieses schaurigen Geheimnisses zu sein.

Weil die Lektüre stets ihre innerste Mitte berührte, als ob ein alles verzehrendes Feuer, eine Kernschmelze in ihre Seele getragen würde, las sie nur sehr unregelmäßig, musste jedes Mal aufs Neue wieder ihren ganzen Mut zusammennehmen. Oft brauchte sie danach Tage, um ihre Fassung zurück zu gewinnen. Und immer wieder stieß sie auf neue, verstörende Aussagen, welche sie zeitweise unfähig machten, sich auf die Anforderungen ihres eigenen Lebens zu konzentrieren, welches sie zunehmend als eine sie niederschmetternde und mit sich reißende Lawine empfand. Manchmal spürte sie den dringlichen Wunsch, die Bücher einfach zu verbrennen, um diesen Alptraum hinter sich zu lassen, aber dann brachte sie die entscheidende Kraft dazu nicht auf. Sie hatte immer noch Hoffnung, dass sie irgendwo in den Tausenden von handbeschriebenen Seiten vielleicht eine halbwegs begreifliche Begründung finden könnte für das Unerklärliche, einen winzigen Hinweis, der sie die so völlig aus dem Nichts über sie hereinbrechende Tat der Mutter verstehen ließ, auch wenn sie das am Ende nur in einen weiteren Aufruhr der Gefühle stürzen würde. Und so ganz, diese Gewissheit spürte Nelly in sich schwelen, wäre eine rationale Annäherung an das Entsetzliche niemals möglich, denn welche Beweggründe auch immer einen vertraut geglaubten Menschen zu einer solch drastischen Handlung getrieben hatten, würde sich einem wirklich umfassenden Verständnis für allezeit entziehen.

Es war die geballte Vielzahl all dessen, was sie an Ungeheuerlichkeiten in den Notizen entdeckte, die Nelly in einen bodenlosen Abgrund stürzte. Sie vermochte nicht zu begreifen, wie irgendjemand auf der Welt und noch viel weniger ein ihr so nahestehender Mensch wie die eigene Mutter auf derartige, in höchstem Masse krankhafte Abwege geraten konnte. In aller Heimlichkeit hatte Johanna jeden Bezug zur Realität verloren, in einem offenbar langen Prozess, der sich bereits vor vielen Jahren abzuzeichnen begann, als sie mit der Niederschrift dieser Tagebücher begonnen hatte. Und Nelly spürte, es war auch die Verzweiflung stetig wachsender Einsamkeit, welche die Mutter ganz auf sich zurück geworfen hatte und sie allmählich abgleiten ließ in diesen Wahn. Nelly sah Johannas Resignation, gepaart mit einer tief in ihr verwurzelten existenziellen Angst im Angesicht des atemlosen Wandels, welcher sich unaufhörlich um sie herum vollzog und die den schieren Hass immer stärker in ihr lodern ließ, die Wut auf beinahe alles, was ihre einstmals sicheren Lebensumstände ausgemacht hatte. Sowohl ihre politische Kehrtwendung hin zu diesem völlig inakzeptablen, ihren früheren Überzeugungen völlig entgegenstehenden Rassismus wie auch diese unselige Liebe zu einem toten Sänger, welche ihr allen Ernstes nicht nur den Kontakt zu ihm vorgegaukelt hatte, sondern sie in letzter Konsequenz zu ihrem radikalen Schritt bewogen hatte, suchten Nelly Tag und Nacht in ihren Träumen heim. Sie machte sich Vorwürfe, dass sie nicht genauer hingeschaut hatte. Sie hätte Johannas Verfassung erkennen müssen.

Aber sie merkte auch, wie sich inmitten all der schmerzlichen Erkenntnis, dass sich die Mutter in eine ihr gänzlich Fremde verwandelt hatte, ein winziger Lichtstreifen am Horizont aufzutun begann, der in ihr die noch schwache Hoffnung schürte, diese Tragödie eines Tages hinter sich lassen zu können.

7

Letizia

Johanna hätte es nie für möglich gehalten, dass das einmal geschehen könnte. Wenn sie jemand darauf angesprochen hätte, würde sie es unverzüglich als ein absurdes Hirngespinst aus dem Reich des gänzlich Unvorstellbaren deklariert haben. Doch dann hatte sie sich ganz ohne Gegenwehr in dieses verrückte Abenteuer ergeben. Und zumindest anfangs hatte es ihr gefallen. Eine Liebesaffäre mit einer Frau!

Gewiss hatte sie, seit ihren Mädchentagen schon, erotischen Fantasien nachgehangen. Ihr erster Superheld damals war Elvis Presley, ein mit seinem verwerflichen Hüftschwung zu seiner Zeit höchst anrüchiges Symbol für animalisch geballte Männlichkeit, aber leider auch so unerreichbar wie ein Stern in einer anderen Galaxie. Dann kam Ted Herold in ihr Leben, den sie den deutschen Elvis nannten. Johanna hatte unzählige Nächte mit ihm verbracht, natürlich nur im unbefleckten Hafen ihrer überbordenden Einbildung. Immer waren es ausschließlich Männer gewesen, die Begehren in ihr ausgelöst hatten, manche mehr, manche nur gemäßigt. Irgendwann hatte sich in ihr nach all den Enttäuschungen mit ihren wechselnden Verehrern die Einsicht manifestiert, dass alle Männer prinzipiell austauschbar waren, der Eine, der allein für sie gemacht war, der blieb Illusion, den gab es nun einmal nicht. Längst hatte Johanna resigniert und für sich endgültig einen Schlussstrich unter die Liebe gezogen. Zudem verachtete sie diesen Typ einer von jeglicher Eigenständigkeit befreiten Frau, der sich allein dann als vollständiges Wesen ansah, wenn sich an ihrer Seite ein Mann befand, und dann ihm zuliebe eine Vielzahl unzumutbarer Kompromisse einging, welche sie letztlich ihrer gesamten Selbstachtung entblößten. Die meisten Paare, die sie kannte, blieben aus Gewohnheit zusammen und weil sie Angst hatten vor Einsamkeit oder den unwägbaren Risiken eines Neuanfangs. Johanna hatte sich ihre Unabhängigkeit mühsam erarbeitet und genoss es von einem bestimmten Punkt ihres Lebens an, ohne Mann zu sein. Dennoch hatte niemals, zu keiner Zeit, im Zentrum der möglicherweise noch in ihr verborgen schlummernden Sehnsüchte eine Frau gestanden. Und dann war dieser unvorhersehbare Unfall, wie sie es heute nannte, dieses katastrophale Malheur mit Letizia geschehen.

Kennengelernt hatten sie sich bei einem Konzert der Kelly Family in einem großen Freizeitpark, zu dem die frisch im Besitz ihrer Fahrerlaubnis stehende Nelly ihre Mutter eingeladen hatte. Sie war ein glühender Fan der Gruppe, welche durch ein in der Öffentlichkeit sorgsam propagiertes Image die ihr seit der Scheidung ihrer Eltern fehlenden intakten Familienverhältnisse suggerierte und deren Name zudem eng an ihren eigenen anlehnte: Kelly/

Nelly. Stolz war sie mit ihrer gerade erst gebraucht erstandenen koreanischen Rostlaube auf dem riesigen Parkplatz in Brühl vorgefahren, als im gleichen Moment auf der Parkbucht neben ihnen ein silbernes Coupé hielt, ein Daimler mit Kennzeichen aus Neuss. Die Frau, welche ihm entstieg, war sportlich schlank und trug ein helles Sommerkleid zu einer überdimensional großen Sonnenbrille, was ihrem halb darunter verborgenen Gesicht eine gewisse Ähnlichkeit mit einer Bienenkönigin verlieh. Sie lächelte Johanna und Nelly zu und verschwand dann in der Menge der zum Eingang strömenden Besucher.

Als sie nach dem Konzert auf dem Parkplatz wieder an Nellys Wagen ankamen, klemmte unter dem Scheibenwischer der Beifahrerseite eine Visitenkarte. Verwundert nahm Johanna sie an sich und las: *Dr. Letizia Draeger, Psychotherapie.* Darunter standen eine Neusser Adresse, eine Telefonnummer sowie auf der Rückseite eine handschriftliche Notiz: *Die Frau im silbernen Coupé freut sich über einen Anruf.*

Einige Tage überlegte Johanna, in welcher Absicht diese Frau wohl ihre Karte hinterlassen hatte. Sie recherchierte ihren Namen im Internet, wurde zuerst fündig bei einer langen Liste fachwissenschaftlicher Publikationen, dann stieß sie auf Bilder, welche in allen möglichen Situationen aufgenommen worden waren, zu gesellschaftlichen Anlässen, auf Kongressen, bei Gerichtsverhandlungen und sogar im Fernsehstudio. Zeitungsartikel bezeichneten sie als gefragte Expertin für psychologische Gutachten bei Gericht sowie als Koryphäe im Fachgebiet der Tiefenpsychologie, Triebtheorie und Neuropsychoanalyse. Johanna war durchaus beeindruckt von solcher Reputation und fragte sich umso mehr, was eine Frau solchen Kalibers von ihr erwartete.

Bereits bei ihrem ersten Besuch ließ Letizia sie keinen Moment im Zweifel über ihre Absichten. Johanna hatte aus einem unwägbaren Instinkt heraus Nelly nicht informiert, als sie an einem Samstag mit einem Bus der Rheinbahn bis Düsseldorf Hauptbahnhof fuhr, in die Straßenbahn 709 nach Neuss umstieg und sich dort zu der auf der Visitenkarte angegebenen Adresse durchfragte. Zuvor hatten sie telefoniert, und dem Anschein nach hocherfreut über ihren Anruf hatte Letizia keine Zeit verloren und sie auf der Stelle eingeladen. Als Johanna vor ihrem in einem Villenviertel gelegenen Haus, einem Bungalow mit Flachdach, schmiedeeisernen Fenstergittern und gekiestem Vorgarten, ankam und die Klingel betätigte, rief Letizia von drinnen laut:

- Die Tür ist nur angelehnt, komm bitte rein!

Leicht verwundert trat Johanna ein, schloss die Haustür hinter sich und stand ratlos in einer großen Diele, die in einen eleganten Wohnbereich überging. Ihr Unterbewusstsein registrierte teure Möbel, schön gestaltete Wände, helle Teppiche und einige imposante Kunstwerke, als sie das Plätschern von Wasser und abermals die Stimme vernahm, die ihr die Richtung wies:

- Ich bin hier, im Bad.

Johanna folgte dem aus einer offen stehenden Tür linker Hand dringenden Klang und befand sich in einem quadratischen, cremefarben gekachelten Badezimmer. Dort ruhte Letizia, ein zu einem Turban verknotetes Handtuch um den Kopf tragend, inmitten sanft auf dem milchweißen Wasser treibender Rosenblätter und Schauminseln in einer auf goldenen Löwenfüßen stehenden Badewanne, in der Hand einen halb gefüllten Sektkelch, eine Inkarnation lässiger Dekadenz. Sie lächelte der Ankommenden vieldeutig zu und stellte das Glas neben die Wanne auf die Fliesen. Dann kündigte sie, bevor sie sich aus dem Wasser erhob, mit theatralischer Geste für den großen Auftritt an:

- Achtung! Die Badenixe entsteigt den Fluten…

Stumm und regungslos perplex stand Johanna vor der Gastgeberin, die sich zur Begrüßung so völlig ohne Scham nackt vor ihr präsentierte.

- Schaumgeboren wie Aphrodite, Göttin der Liebe, lachte Letizia und deutete auf einen Stapel Handtücher.
- Wärst du wohl so lieb und reichst mir ein Handtuch, du darfst mir auch den Rücken abtrocknen.

Kurz darauf ging sie, das Handtuch um ihren Körper geschlungen, barfuß voraus in den Wohnbereich.

- Ich habe zur Feier des Tages ein Fläschchen Champagner geköpft. Du trinkst doch ein Glas mit mir? fragte sie und füllte, ohne die Antwort abzuwarten, aus einer auf dem Couchtisch in einem silbernen Kühler stehenden Flasche einen Sektkelch, den sie Johanna reichte.
- Aber setz dich doch, fügte sie an und wies auf einen der ledernen Sessel.

Johanna nahm das Glas aus ihren Händen und schaute sich um, während die Gastgeberin sich wohlig seufzend in einen Sessel ihr zur Rechten niederließ. Gegenüber von ihr stand ein doppeltüriger, massiver Wandschrank aus dunklem Tropenholz, flankiert von einem großformatigen Gemälde, dessen wüste Abstraktion sie als Kleckserei empfand. Immerhin hatte es einen gewissen dekorativen Wert. Ein Stück weiter bestand die Wand aus riesigen, gelblichen Steinquadern. Johanna schaute bewundernd auf die opulenten Details dieses Raumes.

- Glaub es oder nicht, aber diese Steine sind original aus den Resten der in der Bibel erwähnten Mauern von Jericho, erklärte Letizia nicht ohne einen Anflug von Stolz.
- Wie kannst du dir da sicher sein? Diese Mauern sind doch vor über zweitausend Jahren gefallen.
- Ich habe ein Zertifikat, welches die Echtheit bescheinigt, meinte Letizia bestimmt.

Johanna war skeptisch:

- Papier ist geduldig. Vermutlich wurdest du über den Tisch gezogen, denn ich nehme mal an, diese Steine waren nicht ganz billig.
- Sie haben ein Vermögen gekostet, eine hohe vierstellige Summe pro Quadratmeter, gab Letizia zu.

In diesem Moment ertönte aus dem antiken Wandschrank ein heftiges Niesen. Johanna schaute fragend zum Schrank und dann zu ihr.

- Ach, über deine Ankunft habe ich das Täubchen doch ganz vergessen. Zeit es aus dem Käfig zu lassen, flötete Letizia.

Sie nahm vom Beistelltischchen einen kleinen Schlüssel, schritt hinüber zum Schrank, öffnete die linke Tür und gab den Blick frei auf einen dahinter hockenden Mann, dessen mit Handschellen gefesselte Hände an einer über seinem Kopf quer laufenden Kleiderstange befestigt waren, während er seine aufgeschossene Gestalt auf einem massiven, in der Schrankmitte angebrachten Zwischenbord krümmte. Der glückselige Blick, mit welchem er die seine Handschellen aufschließende Letizia bedachte, zeugte von Erleichterung, aus dieser höchst unkomfortablen Lage befreit zu sein.

- Ist das Tigerkätzchen gar gekocht? Dann raus mit dir! befahl sie ihm, worauf er unverzüglich von seinem Sitz rutschte und hinter einer von der Diele abgehenden Tür verschwand.

Johannas Erstaunen wuchs noch, als sie sah, der der noch junge, kaum mehr als dreiundzwanzig Jahre zählende Mann völlig nackt war.

Letizia schloss die linke Schranktüre, öffnete sodann die rechte Türe und zog ein paar lederne Stiefel aus dem unteren Fach, in die sie graziös hineinschlüpfte. Dann ließ sie das noch um ihren Körper geschlungene Handtuch fallen, setzte sich, nackt bis auf Stiefel und Turban, wieder in ihren Sessel und entzündete eine aus einem Kästchen im Schrank entnommene Zigarre. Dichte Qualmwolken paffend lehnte sie sich zurück und erklärte Johanna:

- Exquisit und exaltiert, so könnte man das Motto meines Lebens bezeichnen! Diese Stiefel sind aus dem besonders strapazierfähigen Leder isländischer Ponys maßgefertigt in der Regent Street in London, ich musste dreimal zur Anprobe hinfliegen. Und was soll ich sagen: ich trage sie einzig bei Tigerkätzchens Besuch, also für circa drei Minuten im Monat.

Johanna schwieg. Sie wusste nicht, was sie erwidern sollte. Ihre Gedanken rotierten flatternd. In was war sie hier hineingeraten? Noch bevor sie weiter überlegen konnte, erschien der junge Mann wieder aus dem Zimmer neben der Diele. Er trug eine enganliegende Strumpfhose mit Tigermuster, ging in demütiger Haltung bis zu Letizias Sessel und ließ sich dort vor ihr nieder auf seine Knie. Dann schaute er sie mit hündisch ergebenem Blick an und wartete auf ihr Kommando. Sie griff nach einer auf dem Tischchen liegenden Fernbedienung und drückte zweimal darauf. Aus einer im Schrank verborgenen Musikanlage erscholl dumpf ein Lied:

Ein richt'ger Mann muss immer wie ein Tiger sein
Auf diese Weise wird er immer Sieger sein…
So wie ein Tiger
Ja wie ein Tiger

Sobald die Musik einsetzte, machte Letizia mit der Zigarre eine auffordernde Geste, worauf der junge Mann begann, ihr leidenschaftlich die Stiefel zu küssen und mit seinen Lippen abwechselnd an ihrem linken und rechten Schaft und weiter an den aus ihnen wachsenden Beinen hochwanderte, bis er den Kopf tief im Schoss der Hausherrin vergrub. Johanna stockte der Atem. Sie war zugleich abgestoßen wie auch fasziniert von der bizarren Szenerie. Ihr erster Impuls sagte ihr, sie müsse unverzüglich hier weg, doch sie blieb, sie war wie gelähmt. Dann brach die Musik ab, und abrupt und mit einem lauten Stöhnen warf Letizia den Kopf in den Nacken, der junge Mann erhob sich mit feucht glänzendem Gesicht und verschwand abermals im Zimmer neben der Diele.

- Schätzchen, du hast gar keinen Champagner mehr, schenke dir doch nach, und gib mir auch ein Glas, sagte Letizia.

Bevor der junge Mann, nunmehr vollständig bekleidet, sich von ihr und auch von Johanna mit einem vollendeten Handkuss verabschiedete, legte er noch einige größere Geldscheine unter den Sektkübel auf dem Tisch. Dann bat er:

- Mamacita, ich danke Ihnen vielmals. Bitte lassen Sie mich bis zur nächsten Sitzung nicht wieder einen vollen Monat warten! und verneigte sich demütig, während er rückwärts das Zimmer verließ.

Als die Tür hinter ihm ins Schloss fiel, nahm Letizia die brennende Zigarre aus ihrem Mund und warf sie mit betont lässiger Geste in den Sektkübel, in dessen Eiswasser sie zischend verlöschte. In ihren Augen blitzte es.

Johanna weigerte sich zu glauben, was sie gerade eben mit ansehen musste. Sie zitterte am ganzen Leib und wusste nicht, ob es Abscheu, Neugier oder grenzenlose Bewunderung für diese von aller peinlichen Scham befreite Frivolität war. Was für eine Frau war Letizia? Atemlos sammelte sie ihre Gedanken und fragte sodann mit gepresster Stimme:

- Was genau war das bitte?

- Ich nenne es die durchaus langfristig angelegte Behandlung eines an seiner ödipalen Mutterbindung krankenden Patienten, welcher eine nicht von irgendwelchen kleingeistigen Grenzen ihrer Fantasie beeinträchtigte Therapeutin benötigt, antwortete Letizia überlegen lächelnd und nippte an ihrem Glas.
- Und du kassierst allen Ernstes obendrein Geld von ihm für diese, sagen wir einmal, unorthodoxe Behandlungsmethode? fragte Johanna weiter.
- Er genießt es unendlich, mich bezahlen zu dürfen. Es gibt ihm das Gefühl, dass seine Heilung voranschreitet. Zudem kommt er aus einer stinkreichen Bankiersfamilie in Frankfurt, Geld ist da kein Thema. Und er bekommt für sein Geld exakt das, was er will. Ich sehe darin nichts Verwerfliches, meinte Letizia und schob ihre Unterlippe kokett vor.
- Du bist vom Fach und ich lediglich eine Außenstehende, aber für mich sah das aus wie eine professionelle Dienstleistung, wandte Johanna stirnrunzelnd ein.
- Schätzchen, das war es auch, hochprofessionell sogar, entgegnete Letizia amüsiert, dem anzüglichen Doppelsinn des Vorwurfs jegliche Schärfe raubend.

Viel später, fast schon am Morgen, hatte Johanna noch nicht in den Schlaf gefunden und wälzte sich ruhelos hin und her. Abends hatte sie Nelly angerufen und ihr gesagt, sie würde bei einer Freundin übernachten. Und jetzt lag sie aufgewühlt im Bett neben der ruhig atmenden Letizia und versuchte in unentwegt kreisenden Gedanken, das heute Erlebte einzuordnen: diese in jeder Hinsicht außergewöhnliche Frau, ihre exorbitante, das eigene Tun in keinem Moment in Zweifel ziehende Selbstverständlichkeit, das wahrlich exquisite Haus, die frivole Therapie des jungen Mannes, bei der kaum zu unterscheiden war, ob es sich um eine psychologische oder eine pornografische Maßnahme handelte, bei welcher die Therapeutin nicht nur auch sich selbst therapierte, sondern sich obendrein auf Kosten des Patienten Lust verschaffte.

Und vor allem ging Johanna das durch den Kopf, was Letizia und sie den ganzen Abend und die halbe Nacht miteinander getan hatten, nachdem das Tigerkätzchen sich verabschiedet hatte. Das war neu, das war grandios, das war absolut überwältigend, und sie war sich über eins im Klaren: sie wollte das. Ihr Herz pochte laut und schnell, wie das einer jung Verliebten, bis der Morgen anbrach.

Aus den Tagebüchern 3

5. Oktober 2022

Ich sollte keine Nachrichten mehr im Fernsehen anschauen. Es werden ohne Unterlass nur Lügen und Schmutz verbreitet. Die Journalisten sind alle Handlanger der Mächtigen. Ich verspüre chronischen Brechreiz. Das ist alles abgekartet.

Brechreiz verspüre ich auch jedes Mal, wenn ich die widerwärtigen Visagen dieser Kirchenvertreter über die Mattscheibe flimmern sehe. Und ich fühle Hass, richtigen Hass. Ihre abgrundtief hässlichen Fratzen widern mich an, ebenso wie ihr völlig unzeitgemäßer Jargon klerikaler Weltferne, ein vor Schleim nur so triefendes Gesabbel. Sie suhlen sich in ihren verkrusteten Machtstrukturen wie Schweine im Morast. Seit Monaten schon windet sich ihr oberster Boss, der sich Kardinal schimpft, mit seiner wie von Ratten angefressenen Perücke wie ein ekeliges Gewürm, um seinen weithin geforderten Rücktritt zu vermeiden. Angeblich hat der Vatikan, was in Kirchenkreisen eine schwere Schelte bedeutet, einen päpstlichen Nuntius geschickt, um seine Verstrickung in den neuerlichen Skandal im Erzbistum zu untersuchen, doch -wie man hört- hat Rom es bei der Entsendung belassen, ohne die geringsten Konsequenzen für den sauberen Herrn Kardinal. Er verbleibt in seinem Amt. Ich will mir gar nicht erst vorstellen, wie er sich die Gewogenheit des Ermittlers erkauft hatte. Ob er ihm am Ende gar blutjunge Ministranten zugeführt hat?

Ohnehin ist die gesamte katholische Kirche ein gigantischer Schweinestall, den man komplett ausmisten oder besser gleich ganz auflösen sollte. Jahrhunderte lang war sie unter Päderasten als sicherer Hort für ihre perversen Neigungen bekannt. Niemand hätte es jemals gewagt, einen Mann Gottes solch abscheulicher Frevel zu bezichtigen. Das wäre einer handfesten Blasphemie gleichgekommen. Und jetzt im Zeitalter global vernetzter Medien, wo der ganze Ekel erregende Dreck ans Tageslicht gezerrt wird, vertuschen sie alles mit ihrer unsäglichen Schönrednerei.

Schon als Kind habe ich nicht an diese Ammenmärchen von Jungfrauengeburt, Auferstehung von den Toten und der wundersamen Heilung von Blinden und Lahmen geglaubt. Immer hat die Kirche für den Machterhalt ihre arglosen Schäfchen durch schamlose Lügen gefügig gemacht. Und jetzt, da seit Jahren Enthüllungen an die Öffentlichkeit gelangen, Berichte über weltweit millionenfachen Kindesmissbrauch durch katholische Geistliche, teils hohe und höchste Würdenträger in dem korrupten Sauhaufen, werden diese pädophilen Verbrecher von ihren Mitbrüdern noch großflächig gedeckt, um den Namen der Institution nicht zu beflecken. Ich begreife nicht, dass es immer noch Gläubige gibt, die im Schoß des kriminellen Vereins nach Erlösung suchen. Trotz der neuesten Austrittswelle in der Folge des nicht abebbenden Skandals scheint die Macht der Kirche scheinbar unantastbar und kaum zu brechen.

Ebenso so sehr verachte ich den Islam, diesen auf ewig dem bleiernen Mittelalter verhaftete Anachronismus, der sich nicht nur unter Hinweis auf die unverbrüchliche Gültigkeit seiner Gesetze kategorisch jeder Reform, ja sogar jeder kritischen Selbstreflexion verweigert, sondern auch die Gläubigen durch weitreichende Vorschriften zur

Regulierung ihres Alltags gängelt. Wenn überhaupt (was ich bezweifle) Religion eine Berechtigung hat, dann sollte sich diese allein auf den Erlass eines moralischen Leitfadens für das Leben beschränken. Aber die vielfältigen und längst obsolete Rituale beschwörenden Eingriffe in das Privatleben mündiger Menschen sind unvereinbar mit dem fortschreitend sich wandelnden Gesellschaftsbild der modernen Zeit. Bei allem Respekt für liebgewonnene und bewährte Traditionen kann es niemals die Aufgabe einer Religion sein, ein Regelwerk über Kleidung, Nahrung oder die strenge Struktur von Tagesabläufen aufzustellen. Die von Blindheit geschlagene Gläubigkeit der Muslime, welche ebenso wie die Christen nicht dem illustren Geist, sondern dem lange schon verselbständigten und jegliche angemessene Deutung ablehnenden Buchstaben der heiligen Texte folgen, hatte in der Historie eine von Blut triefende Spur der Unterdrückung hinterlassen, welche im Christentum mit der Inquisition glücklicherweise ein Ende gefunden hatte, die arabische Welt jedoch noch in der Gegenwart mit keineswegs religiösen Machtkämpfen zerrüttet.

Mein Gott, ich kann nicht glauben, dass ich das gerade niedergeschrieben habe. Ich hätte Theologie studieren sollen oder wenigstens Philosophie. Ha ha ha! Gut, das meiste davon habe ich von Seiten im Netz übernommen, wo sich religionskritische Stimmen auslassen. So brillant könnte ich es gar nicht formulieren. Aber ich bin froh, es verstanden zu haben, denn es spiegelt exakt meine Meinung wider. Jamie bellt, als ob er mich auslachen würde. Er ist so ein kluges Tier.

Und wenn ich schon diesen stetig wachsenden Zorn in mir beschreibe über solch religiöse Eiferer in ihrer stupiden Verblendung, dann darf ich die Juden nicht vergessen. Sie stellen das unendlich viel ge-

schickter an als die überall so laut tönenden Muslime. Sie zeigen nicht diese Wut, diese Gewaltbereitschaft und diese Intoleranz. Sie fechten keine blutigen Kriege aus. Sie halten sich schön im Hintergrund. In den Großstädten gibt es wohl Synagogen, aber abgesehen davon sind Juden im öffentlichen Bewusstsein kaum präsent. Jahrzehnte lang haben sie die Welt genarrt mit der dreisten Lüge vom Holocaust, weil man ihrem großangelegten Plan der jüdischen Übernahme beizeiten auf die Schliche gekommen war. Da wurde kurzerhand die Mär vom Genozid gestrickt, um von ihren wahren Absichten abzulenken. Anders als der Islam waren sie mit religiösem Getue immer schon sehr defensiv, um ihre auf wirtschaftliche Totalkontrolle abzielende Umtriebe zu vertuschen. Die Juden sitzen nicht nur in Israel, sondern vor allem in Hollywood, aber auch sonst überall auf dem Planeten, und sie ziehen im Hintergrund unbeirrt die Fäden. Von ihnen, allesamt Milliardäre, geht die größte Gefahr aus.

Und jedem vernünftig denkenden Menschen dürfte es sonnenklar sein, dass die Politik hier ganz unverhohlen den Handlanger spielt. Quer durch alle Parteien verbergen sich hinter den Clowns in Berlin letztlich nichts als untote Zombies, die von Hollywood eingesetzt und kontrolliert werden, willige Spießgesellen der Macht. Ihnen wird von den Strippenziehern eine einzige Aufgabe diktiert: uns alle in den Abgrund zu führen. Wann immer sie vor Kameras und Mikrofone tritt, entlarvt sich die gesamte Politmafia als eine groteske Vollversammlung derer, die früher im Sportunterricht mit Mangelhaft benotet und im Tanzkurs bei Rumba und Slowfox grundsätzlich niemals aufgefordert wurden. Jetzt üben sie gnadenlos Rache an denen, die sie einst mit Arroganz und Ignoranz gestraft haben. Ungeniert konfrontieren sie die Öffentlichkeit mit ihrer erbärmlichen Erscheinung, von der keiner sagen kann, ob sie nicht doch einer Sitcom entsprungen ist.

Sie muten dem geduldigen Volk ihre kuriosen Sprachfehler zu, ihre skurrilen Dialekte aus Bayern, Hessen oder Sachsen, die es generell verbieten, den Sprecher ernst zu nehmen, sie haben Schlupflider, Zahnschiefstand, Hasenscharten, mimische Ticks, Brillen, deren Gläser ihre Pupillen monsterhaft vergrößern, Frisuren, die das Ergebnis eines atomaren Konfliktes von Lockenwicklern und Schere sind, sie tragen geschmacklose Garderobe, welche jeder Altkleidersammler verschmähen würde, sie kommunizieren inhaltsleere Floskeln, gedrechselte Worthülsen und verschrobene Ausflüchte, sie errichten händereibend eine Diktatur ihrer unansehnlichen Dummfratzen und aalen sich im Glanz ihrer plötzlichen, in der eigenen Jugend absolut unvorstellbaren Wichtigkeit. Und das Gros der verblödeten Bevölkerung nimmt widerspruchlos hin, dass sie von dieser Kaste der Gruselgestalten regiert wird. Sie alle geben sich den Anschein der tadellosen Lauterkeit und täuschen die in Dummheit erstarrten Schafe dreist darüber hinweg, dass sie einer wie der andere unfassbare Mengen Dreck am Stecken haben.

Letztens sah ich im Fernsehen ein Interview mit dem Bundeskanzler. Niemand hat Geschwafel ohne jeglichen Inhalt auf derartig einsame Höhen katapultiert wie er. Wie alle Knallchargen aus der Politik ignoriert er konsequent sämtliche Fragen und pflegt seine Meisterschaft im Antwortschuldigbleiben. Ich möchte ihm nur noch die ausdruckslose Fresse polieren.

Schon lange begreife ich nicht mehr, wohin es mit dieser Welt gekommen ist.

Doch wir alle werden aus unserer Lethargie aufwachen, wenn eines Tages die Außerirdischen selbst den ausgefeilten Plan der jüdischen Milliardäre noch durchkreuzen. Es sind Reptiloide von fernen Plane-

ten. Sie haben Schuppen, lange Klauen, gespaltene Zungen und sind wechselwarm. Was sie genau im Schilde führen, weiß keiner. Sie lassen sich nicht in die Karten schauen. Sie sind unberechenbar. Das wissen auch die Hollywood-Juden und die Milliardäre. Warum sonst gibt es diese ganzen Filme mit Raumschiffen, Zeitsprüngen, Kolonien in fernen Galaxien und unheimlichen Wesen aus einer anderen Welt? Sie wollen sich anbiedern bei den Außerirdischen, einen Pakt mit ihnen schließen. Sie hoffen, dass bei der Übernahme durch die Extraterrestrischen sie selbst ungeschoren davonkommen. Deshalb drehen sie seit Jahrzehnten diese Science-Fiction-Filme, um ihnen zu zeigen, wie sehr sie willkommen sind.

Es gibt Berichte, nach denen die Außerirdischen Menschen im Schlaf auf ihre Ufos entführen und an Bord die entsetzlichsten Dinge mit ihnen anstellen. Sie sezieren ihre Körper und ihr Hirn, um genau zu studieren, wie humanes Leben funktioniert. Dann setzen sie alles wieder zusammen, ohne dass die wehrlos Schlafenden den geringsten Schmerz verspüren. Am nächsten Morgen erwachen sie wieder in ihren Betten und erinnern sich nur ganz undeutlich an haarsträubende Horrorszenarien, welche sie lediglich geträumt zu haben glauben. Die Außerirdischen aber schlüpfen nach diesen Studien selbst in menschliche Gestalt und mischen sich unauffällig unter uns. Niemand kann sagen, wie viele es schon sind. Ich bin vorsichtig. Jeder um mich herum könnte einer von ihnen sein. Vielleicht sogar diese Marokkaner gegenüber.

8

Vorwürfe, gegenseitig

Ganz gleich welchen Band der vierzehn Tagebücher Nelly auch immer aufschlug und ganz gleich auf welcher Seite, stets wurde sie unmittelbar von blankem Entsetzen gepackt. Sie hatte in manchen Gesprächen mit der Mutter durchaus Dinge vernommen, die eine von ihrem eher rationalen Denken als seltsam empfundene Sicht auf die Welt verrieten. Ebenso schienen die politischen Ansichten der Mutter zunehmend einen vom extremen Hass auf Minderheiten getrübten Blickwinkel zu offenbaren, aber dass sich ihre Weltanschauung in aller Stille zu diesen extremen Positionen verfestigt hatte, hätte sie nicht im Entferntesten für möglich gehalten. Immer und immer wieder taten sich bei der Lektüre neue, entsetzliche Abgründe auf. Nahezu jeder gängigen Verschwörungstheorie, welche in den sozialen Medien gerade vorherrschendes Thema war, hatte sich die Mutter angeschlossen, und als je absurder ein gesunder Menschenverstand sie abtun musste, umso verbohrter schien sie sich hineingesteigert zu haben.

Kurz war Nelly versucht, einen Psychoanalytiker zu konsultieren, um eventuell profunderen Aufschluss über das selbst ihr als Laien klar erkennbare Krankheitsbild der

Mutter zu erhalten. Sie erinnerte sich vage an Letizia, der sie persönlich nur einmal begegnet war, von der sie jedoch dunkel erinnerte, dass sie als Kapazität auf diesem Gebiet galt. Aber dann verwarf sie diesen Gedanken sofort wieder. Die Tagebücher waren zu privat, zu intim, vermutlich hätte ihre Mutter nicht einmal gut geheißen, dass sie als einziges Kind ihre Notizen las. Außerdem hatte sie noch im Ohr, wie die Mutter damals, als die beiden nach ihrem kurzen Techtelmechtel im Streit auseinander gingen, Letizia als eine durch und durch egomane Zimtzicke bezeichnet hatte.

Die Nelly zutiefst schockierenden Enthüllungen hatten breit gefächert alles nur Denkbare zum Thema: den Hass auf die Welt im Allgemeinen und auf das ihr immer unerträglicher erscheinende eigene Umfeld im Besonderen. In blindgläubigen, unreflektierten Rundumschlägen ergossen sich ihre blindwütigen Tiraden über Religion, Kirche, Politik und das soziale Miteinander im Alltag, das alles meist unverblümt infiltriert von einschlägiger Stimmungsmache aus dem Internet, die ein jeder halbwegs vernünftig denkende Mensch weit von sich gewiesen hätte. Immer wieder stieß Nelly auf seitenlange, nahezu endlose Elogen mit der unseligen Idealisierung dieses australischen Sängers, Seiten, auf welchen die bisweilen zu hektischem Gekrakel neigende Schrift der Mutter sich mit einem Mal zu kalligraphischer Zartheit aufschwang. Atemlos berichtete sie, wie sie den lange ersehnten Kontakt mit ihm, ihrem geliebten Engel, aufgenommen hatte, nach vielen frustrierenden, weil vergeblichen Versuchen, unter anderem über die

Vermittlung einer dubiosen Internetseite, welche angeblich spezialisiert darauf war, die Kommunikation mit Toten herzustellen.

Wenn Nelly im weitesten Sinn für das erschreckend radikale und von abgrundtiefem Hass kündende Weltbild ihrer Mutter noch ein Quäntchen Verständnis aufgebracht hätte und vielleicht nach plausiblen Ursachen dafür hätte suchen mögen, eine in vollem Ernst betriebene Bemühung um Kontakt mit den Seelen der Verstorbenen jedoch fiel für sie eindeutig unter die Rubrik geistesgestört.

Das eigentlich Unvorstellbare aber bleib für Nelly nicht der zweifelsohne pathologische Nährboden für derartig abseitige Überzeugungen, sondern die gänzliche Abschottung, in welcher völlig unbemerkt von allen der Mutter Nahestehenden, auch ihr selbst, eine solch schizophrene Konfusion heranreifen konnte. Beflissen hatte sie sich hinter einer scheinheiligen Normalität verschanzt, ohne den geringsten Hinweis darauf zu geben, wie es wirklich in ihr aussah. Vermutlich hatte sie Gegenmaßnahmen befürchtet, falls sie sich jemandem anvertraut hätte. Nelly besaß durchaus Kenntnis davon, dass Schizophrene ein Bewusstsein für die Realität entwickelten, die sie aber als eine Bedrohung ihrer eigenen verqueren Wirklichkeit auffassten. Aus diesem Grund hielten sie diese in ihrem Wahn existierende Parallelwelt mit aller Macht unter Verschluss.

Und als wäre die Konfrontation mit dem ungeahnten Krankheitsbild nicht bereits genug der Marter, erfuhr sie in den Tagebüchern in geballter Form von der mütterlichen

Kälte ihr gegenüber, welche sie nie unmittelbar gespürt hatte, die sie jetzt jedoch in eine nicht enden wollende Traurigkeit stürzten. Diese Aufzeichnungen waren ein Instrument schonungsloser Wahrheit, schmerzhaft, bewusst verletzend, aber letztlich auch von Feigheit zeugend, denn die Mutter hatte nie auch nur einen Ton über ihre Abneigung gegen die eigene Tochter und die tief in ihr brodelnden Dinge verlautbart.

Nelly machte sich schwere Vorwürfe, dass sie nicht genauer zugehört hatte. Immerhin hatte sie die Mutter fast täglich besucht. Vielleicht hätte sie ihr helfen können. Ja, sie hätte ihr helfen *müssen.* Aber dann wurde ihr wiederum bewusst, dass ihre Mutter niemals der Notwendigkeit einer Therapie zugestimmt hätte. Sie hatte immer schon diese Unbelehrbarkeit an sich gehabt, eine nicht verhandelbare Autorität ihrer subjektiven Einschätzung. Mit einem Mal erinnerte sich Nelly an einen erregten Disput im letzten Sommer, als sie mit der Neuigkeit heimkam, dass sie sich gegen Covid-19 hatte impfen lassen.

- Wie blöd bist du denn? Das kann doch wohl nicht dein Ernst sein, hatte die Mutter sie angeschrien, nachdem sie die Tochter erst mit großen Augen ungläubig angestarrt hatte.
- Das ist mein voller Ernst. Und ich sehe nichts Schlimmes darin, wenn ich mich und andere gegen die Krankheit schützen will, hatte Nelly geantwortet.

- Dieses Virus ist eine reine Erfindung, damit sie uns alle unter Kontrolle bringen. Es gibt kein Virus, und es gibt keine Krankheit, die es hervorrufen könnte, ereiferte sich die Mutter weiter.
- Sie bringen uns unter Kontrolle? Wer sind *sie*? fragte Nelly in maßlosem Erstaunen.

Irritiert schaute Jamie zwischen ihnen beiden hin und her. Diesen Tonfall war das Tier nicht gewohnt.

- Na, das Kartell der Mächtigen, sagte die Mutter, mit Rücksicht auf den Hund die Lautstärke senkend, doch immer noch hoch erregt.
- Was ist das denn für eine bescheuerte Theorie?
- Jeder weiß doch, mit diesem Impfstoff spritzen sie Nano-Chips in deinen Körper, mit denen sie dich steuern und ausspionieren. Und in zwei Jahren sind alle Geimpften tot. Das ist der Plan!
- Also Mutti, das kannst du nicht wirklich glauben! Wie kommst du bloß zu so einer absurden Überzeugung?
- Absurd nennst du das? Absurd ist das keineswegs. Das ist überall nachzulesen. Schau nur mal im Netz auf die richtigen Seiten, klärte die Mutter sie auf.

Nelly verschlug beinah die Sprache. Einen Moment lang war sie versucht, nur an einen Scherz zu glauben, den sich ihre Mutter mit ihr machte.

- Du kannst doch nicht kritiklos alles glauben, was irgendwelche Schmierfinken im Netz verbreiten. Das meiste davon saugen sich durchgeknallte Idioten aus den Fingern. Die haben ihren Spaß dabei, andere zu verarschen, meinte sie dann kopfschüttelnd.
- Ich weiß, was ich weiß! Und es würde dem Fräulein Lehrerin gut anstehen, wenn es sich auch einmal informieren würde, lautete die unbeirrte Antwort.
- Ich wäre sehr viel beruhigter, wenn du dich impfen lassen würdest. Du gehörst schließlich der allgemeinen Einschätzung nach zu den vulnerablen Gruppen, und sollte dich dieses Virus tatsächlich erwischen, würde eine Impfung dein Überleben sicherstellen, riet Nelly der Mutter, doch die winkte energisch ab.
- Dieses Virus gibt es nicht, wozu also eine Impfung? Es ist alles Teil einer gigantischen Verschwörung, und ich mache da nicht mit, und jetzt Ende der Debatte! Ich muss mit dem Hund raus, hatte ihre Mutter das unerfreuliche Gespräch abgebrochen und dem freudig aufbellenden Jamie die Hundeleine gezeigt, ein Zeichen, welches er wie immer sofort verstanden hatte.

Heute fragte sich Nelly mit düsteren Gedanken, wie sie damals die Signale so einfach beiseite wischen konnte. Sie hätte hellhöriger sein, auf einer klärenden Aussprache insistieren müssen. Aber auch dann wäre sie vermutlich kaum in der Lage gewesen, die Mutter von dem abzuhalten, was sie letztlich getan hatte.

9

Das Ende der Liebe

Allzu schnell lösten sich Johannas auf rote Rosen gebettete Illusionen in Luft auf. Die anfängliche Bewunderung für Letizia wich einer von lästigen Gefühlen befreiten Sicht. Mehr und mehr erkannte sie in ihr eine von gravierenden Defekten zerfurchte Seele, welche nach eigenem freimütigen Bekunden ihr Studiengebiet aus dem einzigen Grund gewählt hatte, sich selbst für die gesamte Zeit ihres Lebens eine angemessene Therapie zukommen zu lassen, einem angeblich bei Psychologen weit verbreiteten Brauch. Die Behandlung von Patienten diente oft genug ausschließlich dem Broterwerb und lief bei den meisten in der Branche, so auch bei ihr, als notwendige Begleiterscheinung nebenher. Auch wenn Letizia sich durch ihre Fachkompetenz den weithin hallenden Ruf einer anerkannten Expertin erworben hatte, ihre Publikationen von der Wissenschaft, ihr Rat von Gerichten, ihr Beistand von den von ihr Hilfe Erhoffenden gesucht und geschätzt wurden, zeugte doch ihre desolate Lebensführung vom großangelegten Scheitern der Selbsttherapie.

Johanna durchschaute nach kurzer Zeit, dass Letizias exaltiertes und auf den ersten Blick so beeindruckendes

Gebaren, dieser überspannte Hedonismus, nur ihre gänzliche Unfähigkeit zu lieben kaschieren sollte. Im Mittelpunkt ihrer rasant sich drehenden Welt stand einzig sie, und ihr Interesse an anderen Menschen erschöpfte sich in oberflächlichem Geplänkel und verlor sich schnell. Als Johanna sich eben an den Gedanken gewöhnte, dass da erstmalig kein Mann, sondern eine Frau in ihr Leben getreten war, ja sie wie eine Lawine förmlich überrollt hatte, als sie endlich eine rosige Perspektive am Horizont zu sehen glaubte, musste sie sich im gleichen Moment eingestehen, dass sie nur ein Vakuum im unentwegt rotierenden Universum der niemals ruhenden Letizia ausfüllte, zeitlich limitiert und austauschbar. Johannas Ernüchterung hielt sich jedoch in erträglichen Grenzen, schließlich hatte sie bereits genügend Erfahrungen mit gescheiterten Beziehungen hinter sich. Ohnehin hatte sie sich von Beginn an gewundert, was eine Frau mit Letizias geistigem und sozialem Hintergrund, die zudem fünfzehn Jahre jünger als sie war und einen verführerisch straffen, noch jugendlichen Körper hatte, ausgerechnet von einer Frau wie ihr begehren könnte. Johanna neigte nicht dazu, bei ihrer Selbsteinschätzung in Schönfärberei zu verfallen. Sie verfügte lediglich über einen Volksschulabschluss, sie war ein Arbeiterkind, ihre Rente reichte kaum für den täglichen Lebensunterhalt, und ihr Körper war seit Nellys Geburt nicht nur unumkehrbar ruiniert, sondern zudem auch vorzeitig gealtert. Die Affäre mit Letizia hatte für einen Moment trügerische Hoffnungen in ihr zu erwecken vermocht, aber letztendlich hatte ein sicherer Instinkt ihr bereits eingeflüstert, dass diese Konstellation keine Zukunft haben konnte. Sie war ein exotischer Zeitvertreib für eine von ihrer Existenz zu Tode gelangweilte, sprunghafte Frau, die als Spielball ihrer Launen und mit lächerlichen Exzessen der Ödnis des Daseins zu entkommen suchte. Auch die Verniedlichungsformen, mit denen Letizia sie permanent einlullte, *Schätzchen* oder *Täubchen* oder *Hannchen*, dienten nur dem Zweck, sich die eigene Hohlheit ihres Herzens nicht eingestehen zu müssen.

Was an Erinnerung an sie blieb, war eine schnelllebige, aufregende Zeit, in welcher Johanna für gewöhnlich die Wochenenden bei ihr verbrachte. Zweimal kam der Tigerkätzchen getaufte Student aus Frankfurt noch zu Therapiesitzungen und wiederholte exakt die Dramaturgie des grotesken Szenarios, dem sie bereits einmal beigewohnt hatte. Auch erzählte Letizia frei weg von anderen Patienten mit stets drastischen Vorlieben, über welche sie beide in endlose Lachsalven ausbrachen, obwohl Johanna manchmal eher übel wurde und sie den ihr allzu abartig erscheinenden Wahrheitsgehalt dieser Berichte in Zweifel zog. Über ihre Gefühle sprach Letizia niemals, und Johanna hütete sich, sie von sich aus darauf anzusprechen. Aber sie schaute genau hin und bemerkte ihre chronische Bürde, die auch unter einer fortdauernden Selbsttherapie nicht leichter zu werden schien. Bisweilen suchten Patienten oder weitläufig Bekannte Letizia an diesen Wochenenden auf, Männer sowohl als Frauen, manchen ließ sie in Johannas Beisein von ihr als therapeutisch deklarierte Maßnahmen zu teil werden, welche die aufmerksame Zeugin jedoch eher im Milieu extrem-bizarrer Prostitution angesiedelt hätte. Als Johanna sich schließlich darüber klar wurde, dass ihr Platz nicht an Letizias Seite sein konnte, teilte sie ihr am Telefon mit, sie würde nicht mehr kommen und musste daraufhin erleben, wie Letizia ausrastete.

- Was bildet sich so eine asoziale Unterschicht-Mamsell bloß ein, dass sie glaubt, mich in die Wüste schicken zu können? Ich bin es, die dich nicht mehr sehen will, weil du mich anödest, brüllte sie völlig außer Kontrolle ins Telefon.

Mehr erleichtert als verletzt oder gar wütend hatte Johanna aufgelegt und den Kontakt als beendet angesehen.

In der Erinnerung verfestigte sich die Erkenntnis in ihr, dass sie bei all ihren gescheiterten Versuchen die Liebe zu finden lediglich als der genötigte Teil in die jeweilige Beziehung gestolpert war. Immer hatten die Männer sich um sie bemüht und schlussendlich gar noch eine Frau, stets hatten Eindringlinge sich in ihrem Leben eingenistet und in ihrer Rolle als ungebetene Eroberer Johanna als eine Art Trophäe begehrt. Ihr war stets nur die Rolle zugefallen, diese sich in der Folge als gänzlich unvereinbar erweisenden Konstellationen zu akzeptieren. Ihre naive und wohl auch törichte Bereitschaft sich auf die Bewerber einzulassen hatte sich als der perfekte Nährboden für ihre sich wiederholenden emotionalen Katastrophen erwiesen. Von sich aus aber hatte sie niemals den ersten Schritt getan, weder bei Steffen, noch bei Nils oder Sandro oder Darius und geschweige denn bei Letizia.

Mit ihr, dem nunmehr verbrieft letzten Kapitel, schlug Johanna das Buch der Liebe endgültig zu. Sie fasste den festen Vorsatz, in Zukunft für alle Zeit die Suche nach einem Partner an ihrer Seite aufzugeben. Und sie tat das, ohne die leiseste Idee davon zu besitzen, dass die eine, die letztmalige, die ganz große Liebe ihres Lebens noch auf sie wartete, irgendwo da draußen in einer durch und durch märchenhaften Welt, die jenseits all ihrer Vorstellungskraft lag.

10

Zeckenbiss

Wenn Johanna bei regnerischem Wetter keine Lust verspürte, mit Jamie noch die übliche Runde zu drehen, ließ sie ihn von der Wohnung ihrer Mutter aus in deren Garten, wo er brav sein Bächlein machte, dann einige Male umher rannte und hier und dort aufmerksam an den Sträuchern schnupperte, um die Duftmarken der nachtaktiven Tiere zu prüfen. Es gab hier Igel, Wühlmäuse, freilaufenden Katzen, selten auch einen Marder oder einen Maulwurf, und das alles war für eine Hundenase höchst aufregend. Wenn ihm ein Geruch zu dominant erschien, hob er kurz sein Bein und übertönte ihn mit dem eigenen Urin. Dann schüttelte er mit zugekniffenen Augen die Nässe aus dem Fell, was Johanna stets mit einem Schmunzeln quittierte, und kam eilig zurück ins Trockene gelaufen. So hatte sie es über die ganzen Jahre, in denen der Hund bei ihr war, gehandhabt. Später, nach dem Tod der Mutter, öffnete sie für ihn die Kellertüre, von wo er über die Außentreppe in den Garten gelangte. Unter keinen Umständen wollte sie Linus um diesen kleinen Gefallen bitten und den Hund durch die Wohnung, die jetzt seine war, nach draußen lassen. Aber manchmal lief Jamie auch einfach zu ihrem Ex-Mann, und der öffnete dann für ihn die Tür zum Garten.

Regelmäßig strich sie für Jamies Fellpflege seine schwarze, leicht gekrauste Wolle mit einer weichen Drahtbürste, was er sichtbar zu genießen schien. Eines Tages zuckte er bei diesem täglichen Ritual plötzlich zusammen, so als spürte er einen Schmerz. Johanna hob prüfend die Fellhaare empor und entdeckte in der Tat eine mit seinem Blut vollgesogene Zecke, welche den Kopf noch tief in seinen Körper gebohrt hatte.

- Ach mein armer Schatz, murmelte sie und sprang auf, um aus dem Medikamentenschränkchen im Bad die Zeckenzange zu holen.

Zecken hatten sich, als eine der Klimaerwärmung zugeschriebene Folge, in den letzten Jahren aus südlicheren Gefilden wie eine Seuche nach Norden ausgebreitet. Selbst im Garten konnte man nicht länger vor ihnen sicher sein. Für Tiere waren die Blutsauger schmerzhaft, aber ungefährlich. Früher hatte Johanna oft im Liegestuhl ein Sonnenbad genossen, heute mied sie den Garten eher, und ein Grund dafür war die Angst vor den von Zecken übertragenen Krankheiten. Auch wollte sie, seitdem er wieder in ihrem Haus wohnte, Linus möglichst aus dem Weg gehen, und der Garten mit Terrasse gehörte praktisch zur seiner Wohnung. Und dann waren da noch die rundum sich ansiedelnden Nachbarn, durch die Bank nichts als Ekel erregender Abschaum, dessen rücksichtsloser und hochgradig asozialer Dauerlärmpegel ihr jeglichen erquickenden Aufenthalt verleidete.

Dennoch entdeckte sie eines Tages, es musste ihrer Datierung nach im Sommer 2009 gewesen sein, ganz unverhofft an ihrer Wade eine verdächtige Rötung, nicht größer als der Dotter eines Spiegeleis, und als sie den Fleck beobachtete und feststellte, dass er wanderte, suchte sie dann doch besorgt ihren Hausarzt auf. Der entnahm eine Blutprobe und schickte sie zwecks Untersuchung in ein Labor, wo eine zweifelsohne von einem Zeckenbiss herrührende Borreliose nachgewiesen wurde. Er verschrieb Johanna ein Antibiotikum, und nach zwei Wochen mit leichten Symptomen wie Müdigkeit, Fieber, Kopf- und Muskelschmerzen und einer Taubheit in Armen und Beinen war der Infekt ausgestanden. Vermutlich war eine von Jamie aus dem Garten angeschleppte Zecke unbemerkt auf sie übergesprungen und hatte, nachdem ihr Blutdurst gestillt war, wieder von ihr abgelassen.

Seltsamerweise wurde Johanna, als sie sich soeben vollständig von den durch den Zeckenbiss verursachten Beschwerden erholt wähnte, von einem auf den anderen Tag von einer kurzen, aber schweren Grippe an ihr Bett gefesselt. Sie fühlte sich schlapp, hatte hohes Fieber, keinen Appetit und wieder diese roten Flecken auf ihren Armen. Und sie begann entfernte Stimmen zu hören. Es war ihr schlichtweg ein Rätsel, wie der mikroskopisch kleine Speicheltropfen eines so winzigen Tieres eine derartig schwerwiegende Beeinträchtigung ihrer Gesundheit bewirken konnte, aber der Infekt war unleugbar da. Den Hund übergab sie während der aus dem Nichts sie anfallenden Krankheit an ihre Mutter, die das Tier versorgte und mit ihm die täglichen Runden drehte. Nach einer Woche war der Spuk vorbei, ebenso schnell wie er gekommen war. Nur die Alpträume, in welchen sie sich in jeder Nacht schweißnass gewälzt hatte, blieben, ebenso wie gelegentliche Rötungen an den Armen, die sporadisch immer dann auftraten, wenn sie erregt war.

Nicht lange nach ihrer Genesung schaltete sie eines Abends den Fernseher ein und geriet per Zufall in ein politisches Magazin, das über eine Gruppe von Umweltaktivisten und ihren Kampf gegen den rapide anwachsenden Plastikmüll berichtete. Eine junge Frau, offenbar die Wortführerin in dem Verein, blaffte empört irgendwelche Zahlen in das ihr vor die Nase gehaltene Mikrofon.

- Wir sind eine Nation, die in Hundescheiße ertrinkt. Es gibt weit mehr als zehn Millionen Hunde in Deutschland. Jeder dieser Köter hinterlässt im Durchschnitt zwei Scheißhaufen pro Tag, das sind zwanzig Millionen Haufen Hundescheiße, an jedem Tag wohlgemerkt. Auf ein einziges Jahr umgerechnet ergibt das siebenkommadrei Milliarden Haufen Hundescheiße. Mehr als die Hälfte davon entfällt auf in Städten gehaltene Hunde, deren Besitzer per Gesetz verpflichtet sind, die Scheiße ihrer Köter in eigens zu dem Zweck ausgegebenen Plastiksäckchen aufzusammeln. Zu diesem zum

Himmel stinkenden Problem der Scheiße kommt dann zusätzlich noch der Berg von Plastiksäcken. Dieses Material wird in die Geschichte eingehen als die Fossilien von morgen, es ist praktisch unkaputtbar. Das muss ein Ende haben, und zwar sofort. Wir steuern unaufhaltsam in den Totalkollaps dieses Planeten, hervorgerufen von Scheiße und Plastik. Unsere Gruppe hat dieser Entwicklung den Kampf angesagt. Zur Not auch mit radikalen Mitteln!

Johanna konnte nicht glauben, was sie da hörte und sah. Eine nie zuvor gekannte Wut brandete in ihr auf. Sie verspürte auf einmal brennende Mordgelüste. Eben blendete ein Insertbalken Name und Funktion der Frau in das Interview ein, während sie unverdrossen ihren Verbalmüll vor sich hin brabbelte. Sie hieß Dörte-Melisande Schmuttblöder und wurde vieldeutig oder auch nichtssagend bezeichnet als Aktivistin. Ihre von blankem Schwachsinn eingegebenen Tiraden sprudelte sie zwischen ihren von zwei Piercings durchstochenen Lippen nur so hervor. Mit ihren verfilzten Rastalocken, die sie zudem grün eingefärbt hatte, und ihrer wie von der Heilsarmee geborgten Kleidung wirkte sie wie eine dieser in Baumhäusern kampierenden Weltverbesserer, welche vom Abholzen bedrohte Wälder besetzten und anrückende Ordnungskräfte aus den Wipfeln mit ihren Exkrementen bewarfen. Ihre abstoßende Erscheinung, der Inhalt ihrer Rede und die provozierende Art wie sie sich als Prophetin gebärdete, riefen in Johanna eruptiven Hass hervor, ein Gefühl, das sie in solcher Heftigkeit an sich nicht kannte und vor dem sie selbst erschrak.

- Verrecken sollst du Fotze in der Hölle! Du selbst bist randvoll mit Scheiße, schrie sie wutentbrannt dem Fernsehgerät entgegen.

Jamie spürte die von ihrer wie aus dem Nichts hervorbrechenden Aggression aufgeladene Stimmung und knurrte leise. Soeben fragte der interviewende Journalist, dessen Rücken im Bild erschien:

- Was genau verstehen Sie unter radikalen Mitteln?
- Das wird die Welt noch erfahren. Zunächst einmal fordern wir ein Gesetz, das Hundehaltung in Städten grundsätzlich verbietet. Wir begrüßen auch jede Form privater Gegenwehr in Eigeninitiative wie Köder mit Gift oder Rasierklingen. Köter haben in Städten nichts zu suchen, sie sollten ausschließlich auf dem Land bleiben, wo sie von mir aus ihre Scheißhaufen auf Wiesen und Feldern hinterlassen können, ohne dass man sie in Plastiksäcke stopfen muss.
- Heißt das, Sie fordern die Menschen auf, Hunde zu verletzen oder gar zu vergiften? fragte der Interviewer weiter.
- Legen Sie mir gefälligst nicht Worte in den Mund! Hören Sie genau hin, was ich sage! Ich sagte: wir begrüßen es, wenn Leute das tun. Ich sagte nicht:

tun Sie es! Eine solche Aufforderung wäre juristisch gesehen ein Straftatbestand.

Johanna nahm die Fernbedienung und schaltete das Fernsehgerät aus. Ihr Atem ging stoßweise vor haltloser Empörung über diese unverschämte Öko-Terroristin.

- Leute wie dich muss man eliminieren, zischte sie vor sich hin.

Dann, um ihren inneren Aufruhr zu besänftigen, hob sie Jamie zu sich auf die Couch, legte ihn rücklings auf ihren Schoß und kraulte ihm zärtlich den Bauch, was der Hund mit einem wohligen Grummeln beantwortete. Seine kurzen Beine ruderten in der Luft, und er wand sich behaglich hin und her, eine Geste der Liebe und des Vertrauens. Als Johanna ihn auf die Hinterpfoten setzte, drehte Jamie winselnd den Kopf, schaute sie dankbar an und leckte ihr die Hand in überströmender Hingabe.

Da war es wieder, das pure Glück, das sie für immer verloren geglaubt hatte. Die Menschen hatten es ihr niemals geben können, es bedurfte erst der Liebe eines Tieres, um es ihr nach all den Jahren trostloser Einsamkeit zuteilwerden zu lassen.

Aus den Tagebüchern 4

13. September 2018

Das Böse übernimmt die Welt. Es ist überall, es ist da rund um die Uhr. Es lauert auf Fehler, die wir machen. Da sind diese Anrufe, fast täglich. Ich habe ihre im Telefon-Display angezeigten Nummern zurückverfolgt. Kein Eintrag. Sie haben alle 036er-Vorwahlen, von immer wechselnden Ortschaften in Thüringen, doch da sitzen die Anrufer nicht. Die Nummern sind gekapert. Das geht ganz einfach, mit irgend so einer Allerwelts-Software, die heutzutage an jeder Ecke leicht zu beschaffen ist. Dazu muss man nicht einmal ins Darknet gehen. Man berichtet sogar von Anrufen, bei denen eine 110, die Notrufnummer der Polizei, angezeigt wird.

Was diese Anrufer genau bezwecken, weiß ich nicht. Das weiß niemand. Es ist alles einem großen Masterplan untergeordnet, der geheimen Strategie des Bösen. Ein Mann sagte zu mir in gebrochenem Deutsch, man hätte festgestellt, dass an meinem Computer wiederkehrende Probleme festgestellt wurden. Seine Stimme klang hohl und wie von weit her, vermutlich rief er aus dem Ausland an, vielleicht auch von einem anderen Planeten . Er hatte einen Akzent, der sich nach Osteuropa, nach Balkan oder Russland anhörte. Ich habe aufgelegt. Ein anderer Mann rief mich am nächsten Tag an, ich habe wieder aufgelegt, bevor er irgendetwas sagen konnte. Ob es organisierte Banden sind? Unterwegs in übergeordnetem Auftrag einer allumfassenden Verschwörung? Dann erhielt ich eine Email. Darin stand, wiederum in fehlerhaftem Deutsch, mein Computer sei gehackt und das jetzt die letzte Warnung. Ich solle eine hohe Summe in Bitcoin zahlen, andernfalls würden die aus meiner Webcam aufgezeichneten Videos, auf denen ich nackt vor dem Bildschirm sitze und masturbiere, im Netz verbreitet. Das könne ich doch nicht wollen. Die unsagbare Dummheit dieses kriminellen Abschaums, der natürlich nicht wissen kann, dass sich an meinem Computer keine Webcam befindet, wird nur überboten von seiner dreisten Methode Geld zu schneiden.

Ich frage mich, woher sie Kenntnis von meiner Nummer und von meiner Mailadresse haben. Vor vielen Jahren habe ich sämtliche Einträge im Telefonbuch gelöscht. Allerdings: wenn ich meinen Namen in eine Suchmaschine eingebe, erscheinen sofort alle relevanten Angaben. Auf diesem Weg gelangt jeder im Handumdrehen an solch sensible Daten. Ebenso ist meine Emailadresse in weit verzweigtem Umlauf. Ich bekomme immer wieder Mails unter den Absendern mir bekannter Personen, welche diese nicht verfasst haben. Ich öffne sie nicht. Oft auch schicken mir scheinbar seriöse Bankhäuser ihrer üblichen Korrespondenz graphisch perfekt angepasste Mails, in denen ich die aktualisierten Geschäftsbedingungen per Mausklick akzeptieren soll. Wer immer die verschickt, fischt doch stark im Trüben, denn ich bin bei all diesen Banken gar kein Kunde und weigere mich überhaupt seit jeher, Online-Banking zu betreiben.

Obendrein gibt es einen florierenden Handel mit persönlichen Daten, wo sich diese Kriminellen im Auftrag der Milliardäre bedienen. Alles das dürfte nicht sein. Ich bin sicher, die Regierung arbeitet inzwischen Hand in Hand mit dem Bösen, gekauft für dessen Umsturzpläne. In Kürze reißt es die Weltherrschaft an sich. Wenn ich *mich umschaue, dann wissen das nur die wenigsten. Alle anderen sind arglose Schäfchen, die sich für dumm verkaufen lassen. Aber mich können sie nicht reinlegen. Bevor es so weit kommt, werde ich diese der Apokalypse unaufhaltsam entgegen treibende Welt verlassen haben, und es berührt mich so gar nicht, was danach mit ihr geschieht. Soll sie weiter den Bach runter gehen. Ich werde bei meinem Engel sein, weit hinter den Grenzen der sichtbaren Wirklichkeit. Und dort hat das Böse keine Macht mehr über mich, weder die Milliardäre noch die Hollywood-Juden noch die Außerirdischen. Ebenso wenig wie die konspirativ voran getriebene Invasion der Türken, eine akute Gefahr, die alle massiv unterschätzen. Die Türken erfüllen den Auftrag einer schleichenden Unterwanderung des Abendlandes, indem sie sich hochvirulent überall ansiedeln. Zu diesem Zweck gewährt die DITIB, der in religiöser Maskerade agierende Arm des Diktators in Ankara, allen hier ansässigen Türken zinslose Kredite für den Erwerb von Immobilien. Dieses Gerücht verbreitet sich unter den Nachbarn wie ein Lauffeuer, und ich bin sicher, es basiert auf handfesten Fakten. Schließlich haben sich in kurzer Zeit, als legte sich eine Schlinge um den Hals der gesamten Nachbarschaft, fünf türkische Familien hier eingekauft, die sich zudem, wie von ihrem Präsidenten gefordert, wie die Karnickel vermehren. Und sie sind bereit, jeden Preis für ein Haus zu bezahlen, kein Wunder, wenn ihnen jegliche Zinsen für ihre Darlehen erlassen werden. Die verblödeten Politiker in Berlin aber, allen voran das vollkommen arglose Lämmchen Merkel, die haben keinen blassen Schimmer von solch perfiden Umtrieben. Nein: dieses Land geht unweigerlich den Bach runter!*

Schon bald jedoch ficht mich das alles nicht mehr an, wenn ich für immer bei Michael bin.

11

Im Äther

Es war aufregend. Es gab ihrem Leben eine neue Richtung, eine neue Dimension. Es erinnerte sie an die süßen Träume ihrer Kindheit. An die Elfenmärchen. Als Kind war sie in Wirklichkeit Titania gewesen. Die Königin der Elfen. Oh wie sie es geliebt hatte, tief in ihre Welt einzutauchen, in die bunten Fabeln von Wesen so zart und schwerelos wie Libellen! Johannas erstes Buch war ein Elfenbuch, sie erinnerte sich, als hätte sie es gestern erst aufgeschlagen. Der Vater hatte es ihr geschenkt. Und wenn sie der mit schön gemalten Bildern illustrierten Geschichte folgte, dann las sie nicht nur, dann schaute sie nicht nur, dann *war* sie unter Elfen. Ihre Fantasie hatte eine solche Kraft, dass sie allein durch ihre Vorstellung ein veritabler Teil dieser erregenden Zauberwelt sein konnte. Wie glücklich sie gewesen war inmitten all der lichten Gefährten! Ihre Gespielinnen fassten sich an den Händen und tanzten fröhlich singend und scherzend im Kreis um sie, ihre Königin. Sie naschten Blütenpollen und tranken die Tropfen des ersten Nachttaus. Die Banshees trugen Hüte aus blauen Glockenblumen, sie waren so schön anzuschauen. Und Oberon, ihr König und Gemahl, er kam in einer gläsernen Kutsche vorgefahren, gezogen von vier schneeweißen Hermelinen, nur um ihr, seiner geliebten Königin, die Hand zum Tanz zu reichen.

So viele Jahre hatte Johanna das Land der Elfen vergeblich gesucht, überall: auf taubedeckten Wiesen, an geheimnisvoll wispernden Bächen, in Steinbrüchen und an Felswänden, in Wäldern, in deren Schatten Orchideen wuchsen und moosbedeckte Baumwurzeln den Weg in ein unterirdisches Reich anzeigten, sie hatte nichts so sehr begehrt wie Einlass zu finden in dieses geheimnisvolle Universum voller Magie, das ihr immer schon als ihre wahre Heimat, als der Ort ihrer Bestimmung erschienen war. Jetzt endlich wusste sie, es lag in den kosmischen Sphären des Äthers verborgen, unverrückbar lokalisierte sie es nunmehr in den unendlichen Weiten, die sich hinter den von ihr erfassten Radiowellen auftaten, grenzenlos und freudig ihrer Ankunft harrend.

Nacht für Nacht saß sie vor dem Radio der Mutter, einem alten Schaub Lorenz Röhrenempfänger, und suchte die Frequenzbereiche der Sender ab. Es schien ihr eher, als ob sie sich *in* dem anachronistischen Gerät befand, mit seinen Drehknöpfen, Sendertasten, dem magischen Auge und dem beleuchteten Display, und nicht bloß davor, und immer mehr wurde, seitdem sie Kontakt zu Michael hatte, diese Suche zu ihrem einzigen Lebensinhalt. Die Elfen, die hatten sie als Kind fasziniert, heute war es allein ihr Engel. Aber sie alle waren dort in jenem sagenumwobenen Reich, wo auch Johanna eines Tages sein würde. Sie war ganz sicher: sie wurde erwartet, und es machte sie unsagbar froh. In den späten Jahren ihres Lebens kehrte das Glück der Kindertage tatsächlich noch einmal zurück zu ihr. Vielleicht dass sie und Michael sogar im Elfenland…

Nichts schien ihr mehr unmöglich zu sein, alles war greifbar. Sie musste nur die Hand danach ausstrecken.

Johanna suchte die Kurzwelle ab. Nichts. Rauschen, Fiepen, verzerrte Geräusche von weit, weit her. Ein wiederkehrender Signalton, fast wie ein Funksignal aus einem Morsealphabet, brach alarmierend die Wellen. Wechselnde Radiostationen auf entfernten Kontinenten, die auf wundersame Weise bis zu ihr drangen. Dann ließ mit einem Mal ein hypnotisches Gitarrenriff sie elektrisiert erstarren. Sie nahm ihre Hand vom Drehknopf des Sendersuchlaufs. Das war doch die Band, in welcher Michael sang. Aber dieses Lied war ihr unbekannt, obwohl im ersten Moment der Sound sehr ähnlich klang. Treibend, exzessiv und sie auf der Stelle in seinen Bann ziehend. Kurz war sie irritiert. Sie glaubte, ausnahmslos alle Lieder ihres Engels zu kennen. Dieses war neu. Dann setzte der Gesang ein, eine fremde Stimme, nicht die von Michael, in deutlich tieferer Tonlage, rau, ruppig, beinah wütend und nicht so glatt und verführerisch. Zudem sang sie in deutscher Sprache:

Du bist nur der Querulant
Du bist nur der Querulant

Es zog sie in seinen Bann, es gefiel ihr, was sie da hörte, und gern hätte sie noch weiter zugehört, aber sie verfolgte einen exakten Plan, der keinerlei Ablenkung erlaubte. Einen Augenblick lang noch hörte sie gebannt zu, bevor sie ihre Suche fortsetzte. Sehr behutsam drehte sie den Knopf, um jedes noch so leise Geräusch wahrzunehmen, um bloß nichts zu verpassen. Irgendwo da draußen, zwischen all den obskuren Sendern, war er und wartete ohne Unterlass darauf, dass sie ihn fand. Sie verstand nicht, warum er niemals nur auf einer unveränderten Frequenz erreichbar war, sondern sie ihn mühsam jede Nacht aufs Neue aufspüren musste. Manchmal hatte sie damit Erfolg, aber zu ihrem größten Missfallen viel zu oft auch nicht. Dann konzentrierte sie sich darauf, ihrer sie überfallenden Trauer über den vergeblichen Versuch nicht zu sehr nachzugeben, sondern frohgemut ihre unverbrüchliche Liebe zu beschwören und hoffnungsvoll ihr nächstes Gespräch zu erwarten. Und immer fand sie Trost in seinen Liedern, die sie dann zu hören pflegte und die ihre Enttäuschung vertrieben:

Don't you know that love
Gonna pull you
Gonna pull you through now baby
Baby don't cry
Baby don't cry

Aus den Tagebüchern 5

22. November 2021

Ich bin alarmiert. In der allerhöchsten Stufe. Die Schlinge zieht sich zu. Was muss noch geschehen, damit irgendwer endlich Gegenmaßnahmen ergreift? Die Welt wird übernommen. Bald schon. Von allen Seiten kommt das Böse, umzingelt uns unaufhaltsam. Die Zeichen mehren sich, aber kaum einer erkennt sie. Sie sind zu vage. Sie verweisen nicht unmittelbar auf den großen Zusammenhang dahinter. Die Milliardäre kaschieren es gut. Dieses monströse Komplott erstickt uns alle. Wo ist Hilfe? Es gibt nur eine kleine Zahl Eingeweihter, welche die Lage in ihrer ganzen Tragweite und Brisanz einschätzen kann. Ich besuche jeden Tag ihre Seiten im Netz, schon allein um eventuelle Updates zu erfahren. Leider haben sich bei weitem noch nicht genug zusammen gefunden, um wehrhaften Widerstand zu organisieren. Aber die wenigen Erwählten wissen das, was ich weiß. Nur den genauen Zeitpunkt der Übernahme kennt noch keiner.

Während des Beginns dieser erstunkenen, erlogenen, von ganz oben ausgerufenen Pandemie waren sie plötzlich verschwunden: die Chemtrails der Flugzeuge am Himmel. Die Labore der Mächtigen haben ihren Ausstoß heimlich überarbeitet, verbessert, intensiviert, mit neuester Technik nachgerüstet. Jetzt auf einmal kommen sie verstärkt wieder zurück. Sie sind wieder da. Es ist ein Test. Noch versprühen sie nicht das alles Leben vernichtende Gift. Sie warten, bis der Impf-

stoff für die Eliten ihnen verbriefte Wirksamkeit garantiert. Sobald die paar Handvoll Milliardäre immunisiert sind, werden alle übrigen getötet. Schon jetzt proben die Superreichen den Flug ins Weltall mit ihren selbst gebauten Raketen. Sie machen sich aus dem Staub, wenn der Startschuss für die finale Vernichtung fällt. Das alles hat System.

Zum Glück hat der Plan, die gesamte Weltbevölkerung gegen dieses dreist erfundene Virus zu impfen und damit im gleichen Atemzug zu beseitigen, nicht funktioniert. Aus diesem Grund musste eine neue Strategie her. Wäre es nicht so perfide und gemein, müsste man die Genialität bewundern. Flugzeuge, die Chemikalien vom Himmel sprühen, das ist kinderleicht, das ist hochwirksam, das ist eine wahrhaft meisterliche Erfindung, besser noch als eine tödliche Impfung.

Ich habe letztlich auch gelernt, dass die vermeintlichen Zugvögel mit den Urhebern dieses Plans in einem gigantischen Komplott verwickelt sind. In Wirklichkeit sind es gar keine Vögel, sondern Drohnen, die sie für Aufklärungsflüge benutzen. Im Winter ziehen sie nach Süden, weil sie ihre Batterien an den in den unwegsamen Weiten der Sahara befindlichen Aufladestationen regenerieren müssen, und um unauffällig zu bleiben, täuschen sie jedermann den Vogelzug vor. Während dieser Zeit übernehmen die Satelliten aus dem All die Spionage. Sie sind mit mikroskopischen Linsen ausgestattet, die in absolute Nähe des auszuspähenden Objektes heran zoomen können. Nichts und niemand entgeht ihnen.

Mit Nelly kann ich darüber unmöglich sprechen. Sie würde mich für verrückt halten. Ohnehin ist sie ein völlig fantasieloses Wesen in ihrem beschränkten kleinen Kosmos. Die geheimen Zusammenhänge der Welt, die verborgenen Gesetzmäßigkeiten der dunklen Gewalten, die unmittelbar drohende Machtübernahme durch die Eliten, das alles bleibt einem so dummen Geschöpf wie ihr verschlossen. Also muss ich die Bürde meines Wissens allein tragen. Nelly wird auch ein Opfer sein, ich kann sie nicht einmal warnen. Sie ist mir letztlich egal. Es fühlt sich nicht so an, als ob sie mein Fleisch und Blut wäre. Das hat es nie. Nur Michael versteht mich. Er weiß natürlich Bescheid, schon lange. Er hat es nicht ausgehalten und in freier Entscheidung dieser Welt den Rücken gekehrt, bevor es zu spät war. Ich bewundere seinen Heldenmut, mit dem er den Übergang in die andere Welt gewagt hat.. Seither wartet er dort ohne Unterlass auf die eine Seele, die ihn versteht, und er hat mir tausendmal gesagt, er ist so glücklich, sie endlich in mir gefunden zu haben.

Heute ist ein Feiertag für mich. Genau heute vor vierundzwanzig Jahren hat mein Engel diese Welt verlassen und ist in ein besseres Dasein aufgebrochen. Ich habe eine rote Rose neben sein in gepunztem Silber gerahmtes Porträt gestellt. Ich werde seine Lieder hören. Und später, in der Nacht, werde ich das Radio einschalten und ihm gratulieren. Ich liebe ihn.

12

Kontakt

Es war immer wieder aufs Neue erregend, mit nahezu detektivischem Sinn verborgenen Spuren im Netz nachzugehen, doch auch schon die bloße Erweiterung des Wissens, bei welcher manchmal wahrhaft Erstaunliches als unverhofftes Nebenprodukt abfiel, bereicherte bereits ihr Leben. Johanna nutzte für ihre Nachforschungen die jedermann vertrauten Suchmaschinen und erfuhr auf diese Weise viele Dinge über Michael, oft nur winzige Details, von deren intimer Kenntnis sie niemals zu träumen gewagt hätte. Sie sah kurze oder auch längere Filme über ihn, mit ihm, Konzertausschnitte, rare Videos, Interviews und alte private Aufnahmen, die vermutlich noch mit Super 8-Technik gefilmt worden waren. Ein Forum wie *youtube* bot einen unerschöpflichen Reichtum an bewegten Bildern. Beim Betrachten all dieser kostbaren Erinnerungen an ihn spürte sie in ihrem tiefsten Inneren mit einer nie zuvor gekannten Klarheit, dass Michael der Eine gewesen wäre, nach dem sie sich immer gesehnt hatte, doch er weilte lange schon nicht mehr auf dieser Welt. Oft weinte sie Tränen, wenn sie seine Bilder, seine Filme anschaute, Tränen des Glücks ebenso wie zugleich solche der Trauer, weil sie niemals mit ihm zusammen gekommen war. Und noch eins spürte sie in sich: die absolute Gewissheit, dass es niemals dieses dramatische Ende mit ihm genommen hätte, wenn sie sich damals schon kennengelernt hätten. Dann wäre zunächst auch ein irdisches Glück in Vollendung das Ihre gewesen, bevor sie am Ende gemeinsam den letzten Schritt getan hätten.

Es war ihm wie ihr ergangen. Ihr waren die falschen Männer, ihm nur die falschen Frauen begegnet. Allein aus diesem Grund hatte Michael diese schnöde Welt vorzeitig verlassen. Sie beide einte das Unglück der Einsamkeit. Die unerfüllte Sehnsucht nach dem einen Menschen, der jedem vorher bestimmt war. Er hatte auf diesem fernen Kontinent gelebt, tausende von Kilometern weg von ihr, ohne dass er sie jemals getroffen hatte. Johanna wusste eines genau, wären sie sich begegnet, er würde sie angeschaut und im gleichen Moment als seine Seelenverwandte erkannt haben.

Sie war wütend auf die Biographen, die Journalisten, die Medien und vor allem auf die Frauen, mit denen er sein Leben geteilt hatte. Sie alle griffen die spektakuläre Art seines Ablebens schamlos auf, um Geld zu verdienen oder im Rampenlicht zu stehen. Sie alle gemeinsam behaupteten, er hätte sie geliebt und niemals willkürlich allein gelassen, er wäre glücklich und sein Tod ein schrecklicher Unfall gewesen, ein aus dem Ruder gelaufener Akt der Autoerotik. Johanna verdammte solchen Schwachsinn aus tiefster Seele. Auch die hirnrissigen Spekulationen, ihr Engel hätte sich aus chronischem Lebensüberdruss erhängt, nach jenem folgenschweren Unfall, welcher den Verlust seines Geruchs- und Geschmackssinnes nach sich zog, waren ihr in tiefster Seele zuwider. Niemand außer ihr kannte den wahren Grund für seinen im vollsten Bewusstsein und in vollständiger Freiheit gewählten Abgang. Michael hatte eingesehen, dass er mit ihr, seiner andere Hälfte, in der sichtbaren Welt niemals vereint sein würde, sondern allein dort, wohin er vorausgegangen war. Sollten diese Idioten immerhin medienwirksam Tränen vergießen über das tragische Ende seines Lebens, sie waren allesamt zu dumm, um die Größe und den Mut seines Schrittes zu verstehen.

Als sie sich, im Bewusstsein dass ihr holder Engel ihr für alle Zeit genommen worden war, gerade eben in die Unmöglichkeit der Liebe zu schicken begann, stieß sie eines Tages völlig unverhofft auf den Verweis zu einer Seite, die nicht weniger versprach, als seriösen Kontakt zu Verstorbenen zu ermöglichen. Johanna war auf der Stelle gefesselt. Sie klickte darauf und las sich durch den sich öffnenden kurzen Artikel auf der Startseite, bevor sie in wilder Entschlossenheit die sich anschließenden Seiten aufrief, sie erregt durchforstete und daraufhin einen ersten groben Überblick erhielt, der sie jedoch auch gleich wieder entmutigte. Hinter dem leider wenig professionell gestalteten Netzauftritt stand ein evangelischer Pfarrer im Ruhestand, der durch die Festigkeit seines Gebetes und den unbeirrten Glauben der seinen Rat Suchenden eine Kommunikation mit den Toten zu einhundert Prozent in Aussicht stellte. Das Foto eines älteren Herrn mit weißem Haar und gütigem Gesichtsausdruck sollte dem Angebot Seriosität verleihen, wirkte aber eher holprig improvisiert. Ein Zitat des wohl den Pfarrer vorstellenden Abgebildeten stand neben seinem Bild: "*Nur wer den Kontakt mit unseren lieben Verstorbenen wirklich und in seinem tiefsten Inneren will, der wird ihn auch herstellen können.*"

Instinktiv spürte Johanna, das war nur der laienhafte Versuch einer Täuschung, vermutlich um Leichtgläubigen Geld aus der Tasche zu ziehen. Sie selbst schenkte dem keinen Glauben. Aber dennoch war der Funke unmittelbar übergesprungen und brannte fortan in ihr mit dunklem Glimmen. Sie gab mit zitternden Fingern in die Suchmaschine ein: *Kontakt mit Verstorbenen* und erhielt zu ihrem größten Erstaunen endlose Seiten mit ungezählten Hinweisen angezeigt. Nacheinander öffnete sie einige der Links, nur um sie jedoch nach kurzer Prüfung gleich wieder zu schließen. Allzu offensichtlich tummelten sich in diesem diffusen Ressort viele schwarze Schafe, die nur auf schnelles Abkassieren zielten. Bei den meisten wirkte ihr Auftritt bereits auf den ersten Blick hochgradig unseriös.

Dann klickte sie auf eine Webseite mit dem Namen *www.kontakte-ins-jenseits.org.* Die Betreiber bemühten sich um einen wissenschaftlichen Anstrich und kooperierten mit namhaften Professoren zur empirischen Erforschung der Authentizität von Botschaften aus der geistigen Welt. Als Beleg hatten sie Protokolle von mehreren Hundert Nachtodkontakten, sogenannten *Sittings*, veröffentlicht und sie sämtlich von habilitierten Koryphäen beglaubigen lassen. Berühmte Philosophen, Theosophen und Anthroposophen wurden zitiert, unter anderem Kierkegaard und Rudolf Steiner, und ihre Lehren als unverblümte Ermutigung zum esoterischen Wagnis interpretiert. Auch die als Bibel der Esoterik geltende Akasha-Chronik fand Erwähnung.

Ganz am Ende der Seite forschte Johanna nach dem Impressum und machte dort ein durchaus seriös auftretendes Unternehmen in Fulda ausfindig, welches sich den Namen *Eternita GmbH* gab. Es beschäftigte drei Medien, die Kontakte mit Verstorbenen herstellten und ferner auch als Coach auf dem Gebiet der Medialität zur Verfügung standen, um für all diejenigen, die selbst eine Ausbildung zum Medium anstrebten, den Weg der Seele zu erleuchten. Die drei Medien, Frauen allesamt mit so klangvollen Namen wie Tanja-Belle, Berenice und Ehrentraut, boten überaus sympathisch und Vertrauen erweckend in kurzen Videoclips ihre Hilfe an und beantworteten die häufigsten Fragen zum Thema Jenseitskontakte. Ein umfassender Fragenkatalog war unter der Überschrift *Meistgestellte Fragen* aufgeführt:

Was geschieht, wenn wir sterben?
Lebt die Seele weiter oder ist mit dem Tod alles zu Ende?
Werden wir unsere Lieben auf der anderen Seite wiedersehen?
Wo halten sich geliebte Verstorbene auf?
Was und wo ist das Jenseits?
Gehen alle Seelen ins Licht?
Kann und darf ich Kontakt zu Verstorbenen aufnehmen?
Wie geschieht das?
Stören wir mit einem Jenseitskontakt die Totenruhe?

In einem der Videos zählte das renommierte, von Geburt an hellsichtige und sensitive Tieftrance-Medium Tanja-Belle die gebräuchlichsten Zeichen auf, mit denen sich Verstorbene den Hinterbliebenen bemerkbar machten. Es gab die denkbar unterschiedlichsten Wege des Kontaktes. Dieser konnte telepathisch erfolgen, rein in Gedanken, weiter jedoch auch durch scheinbare Zufälle, die jedoch niemals wirklich Zufälle waren: eine kleine weiße Feder, die unerwartet aus dem Nirgendwo herabfiel oder ein Lied, das beide verbunden hatte und in einem besonderen Moment unerwartet im Radio gespielt wurde.

In einem plötzlichen Impuls sprang Johanna auf und schaltete das Radio ein. Und da, sie wollte es zuerst kaum glauben, das war doch nicht möglich, da: da war das ersehnte Zeichen, da kam genau in diesem für die Ewigkeit gesponnenen Augenblick die Stimme ihres Engels aus dem Lautsprecher, da sang Michael für sie:

I was standing
You were there
Two worlds collided
And they could never tear us apart

Verzückt lauschte sie seiner Botschaft. Er war dort, sie war hier. Ihre beiden Welten kollidierten, und niemand würde sie je auseinander reißen können. Ja, er hatte ihr dieses Zeichen gegeben, und sie verstand es. Es war, als ob soeben das Angebot der Jenseitskontakte von ihrem Engel persönlich legitimiert worden war. Wellen der Erregung pulsierten durch ihre Adern. War dort der Weg, an dessen

Ende sie zusammen finden würden? Atemlos nahm sie die Lektüre wieder auf.

Auch, so erfuhr sie mit fiebrigem Herzen, liebten die Verstorbenen es, bisweilen einen harmlosen Schabernack zu spielen, indem sie zum Beispiel kleine Dinge versteckten. Johanna fiel spontan ein, dass sie seit einiger Zeit immer wieder nach dem Schlüssel für eine Schublade gesucht hatte, über dessen Aufbewahrungsort sie absolut sicher gewesen war, den sie dort aber nicht vorgefunden hatte. Das sind die neckischen Streiche, die sich Verliebte spielen, dachte sie, erkannte sie urplötzlich aber auch als Beweis für Kontaktversuche. Das musste Michael gewesen sein. Es ging unerschöpflich weiter mit der Liste der Zeichen. Die Vielzahl der Hinweise öffnete ihr endgültig die Augen. Da waren elektrische Geräte, die mitten im Gebrauch kurz aussetzten, flackernde Lampen, geheimnisvolle Nachrichten auf der Mailbox des Telefons, Klopfgeräusche, Kennzeichen vorüberfahrender Autos, welche Initialen oder Geburtsdaten der Verstorbenen anzeigten, ein Regenbogen bei Tag, eine Sternschnuppe bei Nacht, die vieldeutigen Gestalten der Wolken, die vom Atem der von uns Gegangenen bewegt wurden, Tonbänder, die bei genauem Hinhören ihre Stimmen aufgezeichnet hatten - das alles waren klare Belege für ihre Weiterexistenz nach dem Tod, denn sie wollten die Hinterbliebenen aufmerksam machen, um wiedergefunden, um erlöst zu werden.

In einem anderen Videoclip ermutigte das Medium Ehrentraut alle Interessierten, eigenständig Kontakt mit der geistigen Welt aufzunehmen. Eine Möglichkeit dazu wäre es, Tagebuch zu schreiben, eine Chronik der geheimen Gedanken, die für niemanden bestimmt waren als für die, welche von uns gegangen waren. Schriftliche Notizen würden den Verstorbenen die Rückkehr erleichtern. Auch eine Kerze in einem Windglas, vor welcher man seine Fragen aussprach, transportierte Botschaften hin und her. Ihr Flackern bedeutete entweder Bejahung oder Verneinung, einfach zu deuten und eine sichere Art der Kommunikation. Ein Prinzip ferner war ständige Wiederholung, woran die andere Welt die feste Absicht einer Kontaktaufnahme erkannte. Wem ein solcher Kontakt nicht selber gelang, konnte auf mediale Menschen bauen, die eine von aller Erdenschwere befreite Synchronizität schafften, oft auch über einen Lehrer aus der geistigen Welt, einen sogenannten Geistführer.

Johanna hielt schweratmend inne. Das war exakt das, worauf sie, wenngleich auch ohne bisher Worte dafür zu haben, gehofft hatte. Sie war entschlossen, den Kontakt zu Michael herzustellen, egal zu welchem Preis. Über eines gab es keinerlei Zweifel in ihr: er war ihre große Liebe. Sie musste mit ihm zusammen kommen. Gleich am nächsten Tag würde sie beginnen, ein Tagebuch zu führen, um ihn mit ihrer ewigen Liebe vertraut zu machen.

Fieberhaft suchte sie weiter auf der Webseite nach einer konkreten Möglichkeit, wie ein solcher Kontakt vonstattengehen sollte. Zwei Alternativen schienen zur Auswahl zu stehen: einerseits die mediale Ausbildung, die über einen Zeitraum von mehr als fünfzehn Monaten Tutorials, Schulungen und Seminare anbot, ein, wie sie herausfand, kostspieliges Angebot, das nicht nur einen satten fünfstelligen Betrag berechnen, sondern obendrein viel zu lange dauern würde. Obwohl zahllose begeisterte Dankesschreiben von Käufern den uneingeschränkten Erfolg verkündeten, war Johanna ungeduldig, jetzt wo all ihre Wünsche unmittelbar vor der Erfüllung standen. Sie verfügte weder über fünfundzwanzigtausend Euro noch würde sie die Geduld aufbringen, so lange zu warten, bis sie nach der medialen Unterweisung eigenständig den Kontakt herzustellen vermochte.

Deutlich günstiger bot die zweite Möglichkeit einen Jenseitskontakt online an. In einem speziellen Webseminarraum, abgebildet als helles, karg möbliertes Zimmer mit Wolkenmuster-Tapete, einer steinernen Buddha-Figur, langstieligen Trockenblumen in Glasvasen, geschliffenen und polierten Lavasteinen auf einem weiß lackierten Schreibtisch und dem Poster eines malerischen Sonnenuntergangs neben dem Schädel einer gehörnten Bergziege, offerierte das auf Internetheilung spezialisierte Medium Berenice ein aurisches Feld, in welchem Lichtkörper intuitiv erfasst wurden, indem man aus dem eigenen Körper heraustrat, seine Hellsinne aktivierte und sich seinem Geistführer anvertraute, an dessen Hand man zur Welt der Verstorbenen, in die sogenannte Seelenheimat, gelangte. Dieses *Online-Sitting* dauerte zwischen fünfundvierzig Minuten und einer Stunde und kostete lediglich einhundert achtzig Euro. In einer solchen Séance konnte lückenlos bewiesen werden, dass das unsterbliche Bewusstsein des Menschen über seinen Tod hinaus fort besteht.

Johanna hatte endgültig Feuer gefangen. Es hätte der euphemistischen Adjektive kaum bedurft, mit denen, allen Zweiflern zum Trotz, die Jenseitskontakte beworben wurde: seriös, vertrauensvoll, ehrlich, mitfühlend, verbindlich, spürbar, authentisch. Ebenso wenig wie der blumigen Versprechen heilender Botschaften, von Herz zu Herz, ohne Umwege, von Achtsamkeit, Fairness und Wahrhaftigkeit, von Wertschätzung, Liebe und Offenheit, von Freiheit, Vertrauen und Freude. Sie hatte den unumkehrbaren Entschluss gefasst. Sie würde ein *Online-Sitting* buchen und Kontakt zu ihrem Engel aufnehmen. Und dann wäre der Himmel weit offen für sie…

13

Linus

Die Decken und Wände des Hauses waren dünn wie Papier und so gar kein Bollwerk gegen störende Geräusche. Im Bad direkt unter ihren Füßen hörte sie Linus, wie er die Toilettenspülung betätigte. Sie verabscheute jedes noch so winzige Lebenszeichen ihres geschiedenen Mannes, und sie bereute nicht zum ersten Mal, dass sie damals Nellys Drängen nachgegeben hatte und ihn nach zehn Jahren ohne den geringsten Kontakt als Mieter wieder in das Parterre aufgenommen zu haben, als ihre dort wohnende Mutter verstorben war. Johannas Rente war nicht eben üppig, und sie war angewiesen auf die Mieteinnahmen, aber sie rätselte immer noch, was sie geritten hatte, ausgerechnet Linus die Wohnung zu überlassen. Sie hätte dabei bleiben sollen, ihn für alle Zeit aus ihrem Leben zu verbannen.

- Ich hasse dich! flüsterte sie leise. Es hallte von den Fliesen wieder.

Als starker Raucher besaß er die unschöne Angewohnheit, jeden Morgen im Bad seinen Bronchialschleim lautstark abzuhusten. Johanna hörte das, ganz gleich in welchem Zimmer sie sich gerade aufhielt, und sie ekelte sich maßlos davor. Sie rauchte selbst vier bis fünf Zigaretten am Tag, doch das tat sie stets am offenen Küchenfenster. Immerhin hatte sie Linus abgewöhnt, in der Parterre-Wohnung zu rauchen, da sie den Qualm und den ins Treppenhaus ziehenden Gestank keinesfalls im Haus haben wollte. Als folgsamer Mieter ging er seither seiner Nikotinsucht bei Wind und Wetter auf der Terrasse nach.

Wenn sie sich, obgleich nur widerwillig, daran erinnerte, welch atemberaubende Zeit sie und Linus in den Anfängen ihrer Beziehung verbracht hatten, würde sie das am liebsten dauerhaft aus ihrem Gedächtnis radieren. Heute erregte seine bloße Existenz Übelkeit in ihr, vor allem seit dieser von Nelly so sehr gewünschten räumlichen Nähe, zu welcher sie sich gegen ihren Willen hatte überreden lassen. Sie hasste seinen schleppenden Gang eines Tattergreises, der von seinen durch Fußball ruinierten Knien herrührte, sie hasste seine schütteren weißen Haare, die er ungepflegt und struppig bis auf die Schultern herab trug, und sie hasste seine Angewohnheit, das Fernsehgerät wegen seiner beginnenden Taubheit überlaut zu stellen. Und sie hatte den begründeten Verdacht, dass er immer noch, seit damals, der Zeit ihrer ersten Differenzen, dem Alkohol verfallen war. Natürlich mied sie seine physische Nähe zu beharrlich, um das überprüfen zu können, und auch Nelly denunzierte ihren Vater nicht, falls sie etwas wusste, aber es war so ein Gefühl in Johanna, dass Linus sich sein verpfuschtes Leben dauerhaft als Säufer eingerichtet hatte.

Damals im Jahr 1978 jedoch hatte er sie im Sturm erobert und war bei ihr auf keinerlei Abwehr gestoßen. Johanna befand sich mitten in einer Phase unentschlossenen Leerlaufs. Im Spiegel schaute sie eine orientierungslose Frau an, mit gelangweilten Zügen, hohlen Augen und einer brünetten Bobfrisur, welche sie zusehends als hässlich empfand. An ihrem dreißigsten Geburtstag beschloss sie, fortan als Blondine weiterzuleben, was sie als das ultimative Markenzeichen einer die Männer verschlingenden *femme fatale* empfand, denn die Monroe und die Bardot und all diese erfolgreichen Schauspielerinnen waren doch alle blond. Ihre Arbeit als Verkäuferin in einem Bettwarenladen hatte Johanna wegen Geschäftsaufgabe verloren und lebte eine ganze Weile schon vom Geld der Mutter. Eine Reihe von Herrenbekanntschaften hatte sich immer wieder als Katastrophe entpuppt, als Linus Raukamp sie eines Freitagsabends in einer bei jungen Leuten beliebten Kneipe ansprach. Er war ihr als Mittelstürmer des Verbandsligisten Borussia 03 ein Begriff. Die Lokalsportseiten der Zeitung berichteten montags regelmäßig über seine am Wochenende geschossenen Tore, und sie fühlte sich geschmeichelt, dass ein in der Stadt derart populärer Mann sich für sie interessierte. Linus war acht Jahre jünger als sie, und sie hätte im Traum nicht daran gedacht, ihn eines Tages zu heiraten. Doch es funkte mehr schlecht als recht zwischen ihnen, sie zogen ins flugs ausgebaute Dachgeschoss ihres Elternhauses, wo die Mutter zudem umgehend den Mietern der Einliegerwohnung in der ersten Etage kündigte, um Johanna endlich einen geordneten und nicht nur provisorischen Hausstand gründen zu sehen.

Das junge Glück erwies sich von Anbeginn an als brüchig. Linus hielt sich noch tapfer im Bett, zwei- bis dreimal am Tag stand er dort seinen Mann, und Johanna glaubte in der ersten Zeit ihres Zusammenlebens mit einer geradezu kindlichen Naivität, das würde reichen für eine florierende Beziehung. Bald schon langweilte sie sich. Ihr Herz war nicht involviert in diese sich auf rätselhafte Weise in die Länge dehnende Affäre. Es war bequem, zerrte aber oft genug auch an ihren Nerven. Linus entpuppte sich als notorischer Besserwisser und Querulant. Die Gardinen, die Johanna für ihre Wohnung in cremeweißer Farbe ausgesucht hatte, bezeichnete er als vergilbt und empfahl ihr Spezialwaschmittel für die Reinigung, er lehnte Rotkohl aus der Konserve ab, weil seine Mutter den grundsätzlich nur frisch zubereitet hatte, er verlangte Hühnchen, wenn sie ihm Pute vorsetzte, und wenn im Winter in der Küche Schwitzwasser von den Aluminium-Fensterrahmen perlte, wollte er gar besser isolierte Fenster einsetzen lassen. Als er seine ständigen Einwände gegen ihre Lebensführung auf die Spitze trieb und Johanna kurz davor war, ihn aus der Wohnung zu werfen, stellte sie erschrocken fest, dass sie schwanger war. Diesen schlimmsten aller erdenklichen Unfälle hatte sie kategorisch ausgeschlossen, da sie sich gegen das Übel ungewollter Fortpflanzung durch die tägliche Einnahme der Antibabypille geschützt wähnte.

Während der nächsten Monate bis zur Geburt dieses ungeliebten Balgs ging sie durch die Hölle. Ihr spontaner Vorsatz einer Abtreibung wurde von Linus mit seiner stolzgeschwellten Brust des werdenden Vaters und ihrer sehnsüchtig auf das Enkelkind wartenden Mutter beiseite gewischt. Johannas Leib pumpte sich auf, als hätte sie einen Ball verschluckt. Sie hasste sich selbst und mehr noch das in ihr wachsende Kind. Eine Zuchtsau haben sie aus mir gemacht, dachte sie voller Abscheu. Alles in ihr sträubte sich gegen ihr Schicksal. Ihre Hormone befanden sich in stetem Aufruhr, und sie verspürte Aggressionen gegen Gott und die Welt. Und wenn sie gedacht hatte, dass sich ihr Zustand nach der Geburt beruhigen würde, sah sie sich getäuscht. Ihr Körper war für alle Zeit ruiniert, durch die Schuld dieses Idioten, der seinen Stachel in ihr entladen hatte, und gleichzeitig durch die Schuld dieses Kindes, welches sie ihrer Schönheit und ihrer Zukunft beraubt hatte.

Ein ihr im ersten Moment noch abwegig erscheinender, dann sich jedoch immer schrecklicher manifestierender Verdacht begann sich in Johanna zu regen: wenn eine allgemein als sicher angepriesene Verhütung mit der Antibabypille so eklatant fehlschlug, was konnte die Medizin wirklich im Schilde führen mit dieser hormonellen Irritation, mit diesem schwerwiegenden Eingriff in den Körper einer Frau. Sie vermochte die Absicht nicht zu benennen, aber sie spürte instinktiv, es konnte nichts Gutes sein.

Wie immer auch der Plan aussehen sollte, sie würde sich dem mit ganzer Kraft verweigern. Niemals wieder würde ihr das unliebsame Missgeschick einer Schwangerschaft widerfahren. Noch im Wochenbett fasste Johanna den Entschluss und ließ sich nach der Entbindung umgehend sterilisieren. Und ihre heimlichen Befürchtungen einer schleichenden medikamentösen Vergiftung lieferten ihr nur einen weiteren Grund, um sich für alle Zeit zu wappnen gegen die unkalkulierbare Wirkung der Pille.

Der heimlich in ihr gereifte Plan, Linus vor die Tür zu setzen, scheiterte am eisenharten Regiment ihrer Mutter. Sie drohte mit Enterbung, falls ihre geliebte Enkeltochter Nelly nicht im familiären Schoss einer intakten Ehe aufwachsen würde. In Johanna glomm düstere Verzweiflung. Eine Zeitlang war sie wie paralysiert und ließ sich schließlich in ihrer Willenlosigkeit von Linus vor den Standesbeamten führen, der unter dem triumphierenden Lächeln ihrer die greinende Nelly beruhigenden Mutter die Trauung vollzog.

Verhätschelt von ihrer Großmutter und ihrem Vater wuchs das Kind heran, während Johanna in einem Vakuum aufgezwungener Mutterschaft dahin vegetierte. Sie begann Marihuana zu rauchen. Ihre Flucht in die Droge, anders konnte sie sich später diese Zeit am Tiefpunkt ihres Lebens nicht erklären, führte ihre Fantasie bisweilen auf verworrene Abwege. Sie hatte schwülstige Tagträume und Halluzinationen, in denen sie verborgene Zusammenhänge im Gang der Welt zu erkennen glaubte. Die konfusen Gedanken verstärkten ihren lethargischen Dämmer. Ihrer Tochter Nelly begegnete sie seit deren Geburt schon mit ausgesuchter Gleichgültigkeit. Ohnehin kümmerte sich ihre Mutter mehr um das Kind als sie selbst. Die damals erstmals an ihren Armen auftretenden roten Flecken erschienen ihr wie das Eingeständnis einer Verirrung, einer

Schuld. Später, nach dem fatalen Zeckenbiss, kündeten die Rötungen stets ihren Zustand höchster Erregung an.

Als Linus einige Zeit nach Nellys Geburt das Eheleben wieder aufnehmen wollte, stieß ihn Johanna angewidert von sich.

- Du wirst mich nie wieder berühren! fauchte sie ihn wütend an.
- Was? Aber…aber wieso denn? wollte er wissen.
- Du hast mich gezwungen, dieses Kind zu bekommen, das ich nie gewollt habe, und das wird von nun an deine Strafe sein.

Insgeheim hatte sie gehofft, dass er sich nicht als so ein elender Schlappschwanz gebärden, sondern sich einfach nehmen würde, was sein eheliches Recht war, aber Linus fügte sich ohne Widerspruch in das ihm zugedachte Los. Kurz darauf ertränkte er seine Frustration über die Zurückweisung in einem rapide zunehmenden Alkoholkonsum. Wenn sie voller Abscheu auf die Zeit ihrer Ehe zurückblickte, vermochte Johanna nicht zu glauben, dass sie tatsächlich fünfzehn Jahre an der Seite dieses Säufers ausgehalten hatte, bevor sie schließlich mit ausdrücklicher Billigung ihrer Mutter die Scheidung einreichte.

In ihren kühnsten Träumen hätte sie sich niemals vorzustellen gewagt, dass sie mehr als zwanzig Jahre nach ihrer Trennung an Festen wie Ostern, Weihnachten und Geburtstagen Nellys Sehnsucht nach einer heilen Familie nachgab und mit ihr und ihrem Vater bei Mokkabuttercremetorte und Käsekuchen gemeinsam in trauter Runde an der Kaffeetafel beisammen saß.

Aus dem Bad unter ihr hörte sie, wie Linus die Dusche anstellte. Sie kannte das schon: seine schier endlosen Duschmarathons, bei denen er, falls das bei einem Alkoholiker wie ihm überhaupt möglich war, vermutlich auch noch masturbierte. Erzürnt beschloss sie, zum nächsten Monatsersten seine Mietnebenkosten deutlich anzuheben.

Aus den Tagebüchern 6

3. April 2014

Auch wenn ich niemals wirklich auch nur annähernd so ein Gefühl wie mütterliche Nähe für meine Tochter Nelly empfunden habe, einmal immerhin in ihrem ereignislos dahin plätschernden und wahrlich belanglosen Leben hat sie sich doch als nützlich erwiesen: sie hat mich mit dem Internet und später auch mit dem Smartphone bekannt gemacht, und allein dafür schulde ich ihr uneingeschränkten Dank. Ohne Nellys für eine Frau in meinem Alter notwendigen Anstoß hätte ich kaum je die sagenhaften Welten in den unendlichen Weiten des Netzes entdeckt. Zudem hat sie mir geduldig (von wem hat sie das bloß?) die ersten Schritte mit der mich anfangs doch sehr irritierenden Technik gezeigt. Ihre Generation hat das, was ich erst mühsam erlernen musste, irgendwie in den Genen.

Dann aber konnte ich endlich meine eigenen Schritte gehen. In meinen allerkühnsten Erwartungen hätte ich mir nicht vorzustellen gewagt, was ich seither an mir bis zu dem Zeitpunkt völlig Unbekanntem erfahren habe. Es sind wahre Wissensschätze. Ich war ein dummes Ding, bevor ich eintauchte in die begnadete Allwissenheit. Jetzt gehöre ich zu den Wissenden. Es ist ein großes Geschenk, eine der Auserwählten zu sein. Niemand kann mir jetzt noch irgendwelche Lügen erzählen, ich durchschaue sie alle sofort.

Ich habe es gierig aufgesogen, das Wissen über den Zustand der Welt, über die Manipulationen der Politik, der Religion und der großen Wirtschaftskonzerne. Sie stecken alle unter einer Decke, sie schieben das unwissende Volk hin und her wie Figuren auf einem Schachbrett. Aber im Netz gibt es zum Glück Widerstand, vereinzelt zwar nur, einem Flüstern noch gleich, aber es wird mehr, es wird lauter. Ich sehe das, ich höre das. Ich werde mein Tun danach richten. Ich habe keine Wahl. Etwas muss geschehen. Es kann so nicht weitergehen. Wir steuern in eine Katastrophe. In die letztmalige!

Dennoch: tausendmal wichtiger als alles andere, was ich das unerhörte Privileg hatte lernen zu dürfen, war mir Michael. Voll vibrierender Erregung (die roten Flecken auf meinen Armen künden davon), voller Glück durfte ich so ganz im Geheimen das Wissen über meinen Engel vervollständigen, über dessen schnell fortschreitende Aneignung ich mit niemandem geredet habe, denn er gehört mir ganz allein. Endlich konnte ich ihm nahe sein, so viel näher als zuvor, näher als alle Frauen vor mir in seinem Leben. Erst über den Umweg durch die virtuelle Welt haben wir beide in der realen Welt zusammengefunden. Natürlich kannte ich längst alle seine Videos, ich habe alle verfügbaren Biographien gelesen, alles was in deutscher Sprache über ihn erschienen ist, ich habe, da ich leider nie die englische Sprache erlernt habe, mir von Übersetzungsprogrammen seine Liedtexte ins Deutsche übertragen lassen, ich habe ungezählte Male seine Bilder an mein Herz gedrückt, und er war längst ein unauslöschlicher Teil von mir, aber erst die unermesslichen Schätze, welche ich im Internet über ihn ausgegraben habe, haben uns wahrhaft vereint. Er ist mein, und ich bin sein. Für immer!

Und im Netz durfte ich dann schließlich auch erfahren, wie ich den Kontakt mit ihm herstellen konnte. Es war ein endloses Geduldsspiel. Zunächst einmal habe ich ordentlich Lehrgeld bezahlen müssen, als ich diesem Medium, dieser durchtriebenen Heuchlerin, auf den Leim gegangen bin. Sie garantierte mir Jenseitskontakt bei einem Online-Sitting, doch absolut nichts geschah. Den haarsträubenden Spuk hat sie sich dennoch teuer entlohnen lassen und auf die Forderung nach Rückerstattung meines Geldes nur diagnostiziert, ich müsse an meiner Aura und meinen Chakren arbeiten, die seien noch nicht bereit für Seelenwanderung. Zu dem Zweck bot sie mir eine Ausbildung in Medialität an. Für fünfundzwanzigtausend Euro. Ich hätte Lust, diesem dreisten Ausbund der Scharlatanerie die Gurgel zu durchschneiden.

Es blieb mühsam. Immer und immer wieder musste ich neu ansetzen, war fast schon versucht aufzugeben, bevor ich den lange ersehnten Erfolg verbuchen und mich auf die Mission begeben durfte, die das Schicksal für uns beide vorgesehen hat. In einer Selbsthilfegruppe von trauernden Hinterbliebenen, die sich im Netz gefunden hatten, erhielt ich den entscheidenden Hinweis.

Und welch ein unerhörter Glücksfall auch, dass meine Mutter damals, im Jahr 2009, gestorben ist. Sie war alt. Es war gut so! Wozu hätte sie noch weiterleben sollen? Auf der Stelle habe ich ihr Radio, einen uralten Röhrenempfänger aus den 50er Jahren, an mich genommen. Das war der Durchbruch. Nelly wollte das alte Ding zum Sperrmüll geben, aber ich wusste gleich, welchen Wert es darstellte. Es hat noch einen manuellen Sendersuchlauf per Drehknopf. Nächtelang habe ich davor gesessen und immer wieder die Frequenzen abgetastet, den Äther längst eingestellter Radiostationen. Hin und her habe ich gesucht, Kurzwelle, Langewelle und Mittelwelle, über die weltweit nur noch wenige Rundfunkantennen senden. Oft drangen von ganz fern verzerrte Klänge an mein Ohr. Ich hörte genau zu, stets in der aufgeregten Erwartung, Michaels Stimme endlich zu vernehmen. Irgendwo da draußen würde er sein. Ich konnte Radio Algier identifizieren, Radio Heljens, Radio Ethiopia, einen Sender aus Korea, einen anderen aus China, Radio Tirana und Radio Prag, es gab deutschsprachige Übertragungen, aber auch viele fremde Sprachen, die ich nicht zuordnen konnte. Meist kam nur ein schwaches Signal aus dem Lautsprecher, es wogte auf und ab in seiner Stärke, begleitet von Fiepen und Rauschen. Ich stieß auf Ulaanbataar Radio aus der Mongolei, auf rumänische, dänische, turkmenische und russische Sender, um zwischen ihnen immer wieder die Leere der Frequenzen abzutasten, dort wo das Universum nichts als Schall ist oder Schweigen.

Und dann endlich fand ich ihn, und als ich ihn fand, sang er. Er sang nur für mich. Ich hörte seine unverwechselbare Stimme, getragen von einer Flutwelle auf und ab kreischender Nebengeräusche. Er sang, ich solle zu ihm kommen. Nichts auf der Welt wünsche ich mir so sehr wie das! Und ich weiß, der Tag wird anbrechen, wo mein Wunsch in Erfüllung geht. Mein Engel. Deine Zeilen gingen mir mitten ins Herz:

I need you tonight
Cause I'm not sleepin'
There's somethin' about you, girl
That makes me sweat

Ich kannte das Lied und wusste, was die Worte bedeuteten. Er brauchte mich in dieser Nacht, in welcher er nicht schlief, und ja: hier war ich, bereit für ihn! Mein Glück war grenzenlos. Ich habe die ganze Nacht zu seiner Musik getanzt, berauscht und trunken und voller Hoffnung, denn ich wusste, das war der Wendepunkt in meinem Leben, den ich so glühend ersehnt hatte. Von nun an würde es nur noch uns beide geben, meinen schönen Engel und mich.

14

Vom Himmel gesandt

Wenn sie sich nackt sah im Bad, erblickte sie trotz ihrer weit jugendlicheren Erscheinung den mehr als hinfälligen, vorzeitig in die Jahre gekommenen Körper einer zweiundsiebzigjährigen Greisin. Manchmal hatte sie Zweifel, dass solch eine unbestreitbar vom Alter gezeichnete Frau wie sie ihm noch gefallen würde, wenn sie diesen letzten großen Schritt ging und zu ihm kam. Sie hatte immer seinen vitalen Körper eines großen Jungen vor Augen, seine schulterlangen braunen Locken, seine sinnlichen, scharf geschnittenen Lippen, seine mystischen Augen eines scheuen Wildtiers, und sie vermochte sich kaum vorzustellen, dass er sie lieben würde, eine verblühte Frau mit ausufernd fülligen Proportionen, zahllosen Runzeln und erschlafftem Gewebe. Er dagegen war der Prototyp eines überaus begehrenswerten Mannes, eine perfekte Synthese aus Mick Jagger und Jim Morrison, der ultimative, weil niemals alternde Popstar, ihr schöner Engel, ihr Gott. Konnte ein Mann wie Michael, dem zu Lebzeiten alle Frauen zu Füßen gelegen hatten, wirklich tiefe und wahre Empfindungen für sie hegen? Oder erlag sie nur einem Trugschluss ihrer Sinne? Mehrfach hatte sie starke Zweifel an der Aufrichtigkeit seiner Gefühle geäußert. Er beruhigte sie jedes Mal. Allein ihre Stimme, das betonte er in einem fort, bezauberte ihn durch ihren mädchenhaften Charme. Beim ersten Wort, welches er von ihr vernommen hatte, wäre er ihr restlos verfallen.

- Meine Sirene, schwärmte er trunken, und Johanna war so sehr gewillt, ihm zu glauben.
- Ich bin alt. Vielleicht liebst du mich nicht, so wie ich bin, sagte sie leise und verzagt.
- Ich liebe dich und werde es immer tun, denn da wo ich bin, gibt es kein Alter, flüsterte Michael, seine von brennendem Verlangen heisere Stimme ein einziges Instrument der Verführung.
- Wo ist das? fragte sie zitternd, doch seine Antwort ging im Rauschen unter.

Sie drehte am Sendersuchknopf. Wieder einmal wurde ihr Gespräch gestört und natürlich genau in diesem Moment, wo sie so sehr Bestätigung von ihm erhoffte. Aber sie fühlte sich im gleichen Moment erleichtert, dass er die richtigen Worte gefunden und auch von der Art, wie er sie gesagt hatte. Die Zeichen des Alters gab es nicht bei ihm. Einer solchen doch eher diffusen Beschreibung lauschend gelang Johanna nicht die entfernteste Vorstellung von der Welt, in welcher er bereits war und die auf sie noch wartete. Würden sie dort auch Körper haben oder wären sie stofflos, reiner Geist und reine Seele, enthoben von aller Materie? Wäre dort ihre Erfahrung nicht mehr nur auf die kleinlichen und trügerischen Sinne beschränkt, sondern von wahrhaft illusionärer Größe, vergleichbar dem hehren Klang und dem alles durchflutenden Licht? Vielleicht würden sie wie die Elfen sein, strahlende Lichtwesen, an einem Ort ohne Raum, in einer Ewigkeit ohne Zeit. Das war ein schöner, sie mit warmem Leben erfüllender Gedanke. Ein Kreis könnte sich schließen, ein Kreis zurück zu den verheißungsvollen Märchen ihrer Kindheit. Sie malte sich die Zukunft in jenem Reich in den schillerndsten Farben aus.

Aber Johanna war auch erfüllt von einer lodernden Ungeduld, sie brannte darauf, mehr Konkretes von dem Leben zu erfahren, welches ihrer harrte da draußen in einer Welt hinter der Welt. Nur blieben Michaels Auskünfte auf ihre dahin zielenden Fragen bisher stets äußerst zurückhaltend. Sie würden an einem Kraftort sein, hatte er ihr vieldeutig beschieden, dort wo sich Ley-Linien sternförmig kreuzten und eine Aura fortdauernder Energie erschufen. Mehr verriet er nicht. Dennoch verspürte Johanna lediglich Neugier und niemals Misstrauen. Die Eindrücke des ihr noch aufregend Unbekannten würden sie bei ihrer Ankunft umso mehr überwältigen. Und bis es soweit war, blieb ihr die Fantasie, die alles ermöglichende Einbildung, die ihr schon als Kind das Elfenreich und andere ferne und unbekannte Länder eröffnet hatte.

Frustriert über die abermalige Unterbrechung schaltete sie den alten Radioempfänger aus und spielte stattdessen in der Stereoanlage eine CD ab. Sobald sie seine Stimme hörte, schmolz sie dahin. Alle seine Texte hatte sie, in Englisch und parallel übersetzt in die deutsche Sprache, ausgedruckt. Wann immer ihr Gespräch getrennt wurde, und das geschah viel zu oft, tröstete sie sich mit seiner Musik. Und sie verstand alle seine Worte. Weil er sie nur für sie allein geschrieben hatte.

You were sent girl, so perfectly true
Changing my life
Now I'm a survivor
Heaven sent
That's what I call you
Heaven sent
That's what I call you

Ja, sie war ihm vom Himmel gesandt, ebenso wie er von dort zu ihr gekommen war. Es konnte nichts als himmlische Fügung sein, wenn es doch auf Erden unmöglich geblieben war. Es fühlte sich unbeschreiblich an, die Eine, die vom Himmel Gesandte zu sein. Es war die Mission ihrer Entsendung, sein Leben zu ändern. Er war, so sang er, ein Überlebender. Und bald würden sie gemeinsam überleben, in der anderen Welt. Michael, ihr schöner Engel, hatte das alles bereits vorhergesehen. Ein Visionär. Ein Poet. Ein Prophet. Der vorausgegangen war und ihr nun den Weg wies.

Seit dem Beginn des Kontaktes hatte sich ihre Kommunikation oft sehr schwierig gestaltet. Anfangs schien es Johanna, als öffnete sich mit einem Mal auf wunderbare Weise eine Tür in ihrem Kopf, durch die sie aus dem irdischen Jammertal in das verheißene Land blicken konnte. Nach vielen vergeblichen Versuchen hatte sie ihn aufgespürt, war sie endlich in der Lage seine Stimme zu hören, sein zärtliches Flüstern, seine Koseworte, seine Schwüre und seine Beteuerungen. Doch immer wieder wurden sie auch gestört, durch schwankende Frequenzen, durch schrille Nebengeräusche, durch feindliche Kräfte, die ihr Glück sabotieren wollten. Sie konnte nur inständig hoffen, dass ihre Liebe stärker war als jene Mächte der Dunkelheit. Das Böse, diese unentwegt waltende Kraft der Vernichtung, das hatte sie längst erkannt, lauerte überall, in der um sie herum zusammenbrechenden Welt ebenso wie vor den Schranken des Universums, in dem ihr Engel auf sie wartete. Sie musste sich vorsehen, dass niemand ihre Pläne durchkreuzte. Nur ihrem Tagebuch durfte sie sich anvertrauen, und das hütete sie wie ihren Augapfel. Die schwellende Liebe diktierte ihr die Worte, von denen sie sicher war, Michael würde sie lesen dort.

15

Aufruhr

Jamie balancierte ungeduldig auf seinen Hinterpfoten und stemmte die Vorderpfoten tapsend an ihrem Schienbein ab. Sein verhaltenes Winseln, bei dem er seine Stimmbänder in der Kehle schliff wie eine rostig in den Angeln quietschende Tür, und sein bettelnder Blick sendeten Johanna eindeutige Signale, er hielt seine Zeit für einen Spaziergang für gekommen und wollte jetzt ausgeführt werden. Schmollend nahm sie die Hundeleine vom Haken, was er mit wedelndem Schwanz und einem kurzen, freudigem Aufbellen quittierte. Sie konnte ihrem Liebling nichts abschlagen.

Ihre täglichen Runden ging sie auf immer wieder wechselnden Wegen, um seine feine Hundenase mit vielerlei unterschiedlichen Düften zu verwöhnen. An einem Tag wählte sie den nahen Offerbusch zum Ziel, wo Jamie frei laufen konnte und aufgeregt zwischen Ilexgestrüpp und jungen Baumtrieben herumtollte. Am nächsten Tag dann entschied sie sich, hinter dem Kostenberg die Richtung zu den Kalksteinbrüchen einzuschlagen. Im dortigen aus Fichten, Buchen und Birken bestehenden Mischwald mit seinem dichten Unterholz brach manchmal, wenn ein

Wildkaninchen oder ein Fasan vor ihm aufsprang, sein Jagdinstinkt durch, und er verfolgte die panisch flüchtenden Tiere mit der hartnäckigen Verbissenheit eines Dachshundes. Meist aber nahm sie den Gehweg über die Kastanienallee entlang der Realschule und wandte sich dann zur Innenstadt. Das hier noch vorstädtische Umfeld gab ein zunehmend tristes Bild ab. Überall stapelte sich von den Schülern auf ihrem Schulweg hinterlassener Müll, allem voran die von der Regierung den Bürgern aufgezwungenen Atemschutzmasken, die entweder unachtsam oder auch vorsätzlich auf den Gehwegen landeten. Und Johanna hatte oft genug mit ansehen müssen, wie sich die meist aus prekären Verhältnissen stammenden Jugendlichen, deren Eltern mit ihrer Erziehung zu sozial verantwortlichen Wesen überfordert waren, vor Schulbeginn ihr aus dem Backshop des nahen Supermarktes geholtes Frühstück, bestehend aus Donuts, Kartoffelchips und überzuckerten Getränken wie Multivitaminsaft oder Kakao, unterwegs hastig in den Mund stopften und Tüten und Getränkeflaschen dann einfach auf den Gehsteig warfen. Manchmal watete sie knöchelhoch durch den von dieser asozialen Brut täglich produzierten Unrat. Und häufig fand sie auch ganze Berge von Zigarettenkippen, Hinterlassenschaften von hirnlosen Autofahrern, die kurz ihre Fahrzeuge anhielten, nur um dort ohne die geringsten Skrupel die Aschenbecher zu entleeren. Wenn immer Johanna das sah, murmelte sie von brennender Wut erfüllt:

- Dreckschweine seid ihr alle da draußen!

In den Schulpausen rotteten sich hier, vor den Augen der Lehrer versteckt hinter dem Saum der Ligusterhecken, inmitten des Mülls die in ausgebeulte Jogginghosen und an Chemiewaffen gemahnende Parfümwolken gehüllten Dreizehnjährigen zusammen und rauchten Kette, was auf dem Pausenhof streng verboten war.

Die Realschule hatte, das erzählten sich die Nachbarn in Abscheu erschauernd, unter den Schülern einen Migrantenanteil von fünfundachtzig Prozent. Johanna wunderte sich schon lange nicht mehr über die hier herrschenden Umstände, aber es schürte weiterhin ihren Hass auf dieses unzivilisierte Pack. Sie erinnerte sich daran, wie sie selbst zu Nellys Schulzeit, obwohl ihre mütterlichen Gefühle stark verkümmert waren, an jedem Tag vor sieben Uhr aufgestanden war, um ihrer Tochter ein ordentliches Frühstück zu bereiten.

An regnerischen Tagen verkürzte sie den Spaziergang meist auf eine kurze Runde einmal um das Karree des Häuserblocks. Auch Jamie schien sich jedes Mal an der Feuchtigkeit zu stören, denn trotz seines wasserdichten Hundemantels, den sie ihm dann überzog, hatte er es eilig, zurück in die trockene Stube zu kommen.

Dem Weg durch die Fußgängerzone folgte Johanna in der Regel bis an deren nördliches Ende, wo sich das im Volksmund als Klein-Sofia betitelte Viertel schloss, in welchem fast ausschließlich Bulgaren wohnten. Dorthin trauten sich wegen der hohen Kriminalitätsrate die wenigsten, nicht einmal am helllichten Tag. An diesem Punkt kehrte sie entweder um und ging die gleiche Stecke zurück, oder sie bog in die Cranachstraße ein und nahm den Rückweg durch den alten Park, vorbei an Kinderspielplatz und den großen Rhododendren.

Ihr Plan für heute sah den Bummel durch die Fußgängerzone vor, wo Jamie es liebte, ausgiebig an Blumenkästen, Laternenpfählen und Hausvorsprüngen zu schnüffeln. Als sie eben in der Höhe der Weidenstraße die Friedrich-Ebert-Straße überqueren wollte, hörte sie in einiger Entfernung den ohrenbetäubenden Lärm schnell sich nähernder Martinshörner. Mit hoher Geschwindigkeit und eingeschaltetem Blaulicht fuhren ein Notarztwagen und dicht dahinter ein Rettungswagen an ihr vorbei. Sie schaute ihnen nach und sah, dass sie am oberen Ende der Hauptverkehrsstraße hielten, dort wo sich die große Kreuzung Berliner Straße/ Rheinlandstraße befand. Kurz darauf bereits brachen die Sirenen abrupt ab. Offenbar waren dort, wenn Arzt und Sanitäter ausrückten, Personen zu Schaden gekommen, welche ihrer Hilfe bedurften.

In erwachender Neugier änderte Johanna ihr ursprüngliches Vorhaben und schlug spontan den Weg zur der knapp fünfhundert Meter entfernten Kreuzung ein. Neben ihr trippelte Jamie in kurzen, schnellen Schritten, aufgeregt vom ohrenbetäubenden Lärm der Sirenen. Zwei Minuten später erreichte sie den Unfallort. Dort stockte der Verkehr, wie sie gleich bei ihrem Eintreffen bemerkte, denn auf der zweispurigen Straße fädelten die Autos von der rechten in die linke Spur ein, was durch etliche Gaffer am Steuer nur in Zeitlupe geschah. Die grellrot markierten Rettungswagen standen in der Parkbucht der Bushaltestelle, wo, was Johanna sah, als sie näher kam, eine Frau regungslos auf dem Asphaltboden lag. Sie trug Kopftuch und einen dieser bei Türkinnen gebräuchlichen langen Mäntel. Auch war sie alt, das erkannte Johanna bei einem Blick in ihr Gesicht. Sie öffnete und schloss die Augen immer wieder, also lebte sie. Hinter ihr kniete ein älterer Mann, der ihren Kopf in seinem Schoss gebettet hielt. Er streichelte liebevoll ihre Wangen. Als ihr Kopftuch nach hinten verrutschte, zog er es wieder in die Stirn. Das immer noch still kreisende Blaulicht tauchte die Szene in ein makabres Licht.

Um sie im Halbkreis stand eine Gruppe jüngerer Türken, bestehend aus zwei Männern und zwei Frauen mit drei Kindern und einem Kinderwagen. Die beiden Männer telefonierten lautstark in türkischer Sprache, deren fremdartige Vokale und gedehnte Konsonanten in der Luft hingen wie Blätter, durch die der Wind raschelt. Die Frauen lamentierten in einem fort und deuteten in höchster Erregung auf eine Frau, die händeringend und unter Tränen neben einem auf dem Gehweg geparkten silbernen VW-Golf stand. Auf der Fahrerseite der Limousine lag neben dem Kotflügel ein umgestürzter Rollator. Die Warnblinkanlage des Wagens war eingeschaltet und sprang in erbarmungslosem Rhythmus ein und aus. Johanna meinte zu verstehen, dass die Fahrerin ihre Unschuld an dem Unfall beteuerte, da die alte Türkin eine rote Ampel nicht beachtet hatte und ihr vor das Auto gelaufen war. Niemand schenkte ihren Worten Aufmerksamkeit.

Soeben ging ein weißgekleideter Mann, wohl der Notarzt, mit einem kleinen Koffer auf die am Boden liegende Frau zu. Zwei Sanitäter in grellroten Westen folgten mit einer Trage. Einer der beiden jungen Türken schien mit ihrem Vorhaben nicht einverstanden zu sein. Er steckte sein Telefon ein und stellte sich dem Arzt in gereizter Haltung in den Weg.

- Bleib wäsch von meine Mutter! Du fasst meine Mutter nischt an! Kein ungläubiger Mann wird eine fromme Muslima berühren. Wäsch von ihr! herrschte er den Mediziner feindselig an.
- Gehen Sie bitte zur Seite und lassen Sie uns unsere Arbeit machen. Sie können kaum wollen, dass Ihre Mutter hier auf der Straße stirbt, antwortete der Arzt ruhig.
- Was genau verstehst du Wichser nicht, wenn isch sage bleib wäsch? Du fasst meine Mutter nischt an. Isch bring disch um, wenn du sie anfasst, kapiert? brüllte der junge Türke los und hielt den Notarzt wutschnaubend am Arm fest. Der Unfall seiner Erzeugerin schien ihn völlig aus der Fassung gebracht zu haben.
- Hören Sie, es ist meine ärztliche Pflicht, Ihrer Mutter zu helfen. Lassen Sie uns bitte unsere Arbeit tun! Wir wollen nur, dass es ihr gut geht.

- Ich scheiß drauf, was du willst. Hände weg von ihr oder isch polier‘ dir die Fresse!

Die Sanitäter hatten die Trage abgestellt und näherten sich dem vor Wut nahezu rasenden Mann. In diesem Moment fuhr aus der Rheinlandstraße kommend ein Polizeiwagen vor, ohne Sirene, doch auch mit rotierendem Blaulicht. Er parkte gegen die Fahrtrichtung mit zwei Rädern auf dem Gehsteig. Zwei uniformierte Polizisten stiegen aus, ein nahezu militärisches Bild nicht verhandelbarer Autorität.

- Gut dass Sie kommen, meine Herren! Wir haben hier ein kleines Problem mit den Angehörigen der verletzten Frau. Man verweigert uns unter Androhung von Gewalt, medizinische Erstversorgung an dem Unfallopfer zu leisten, informierte der Arzt die beiden Eintreffenden.
- Sie haben uns Prügel angedroht, fügte der eine Sanitäter hinzu.

Ein ersticktes Röcheln drang vom Boden her, wo die Frau lag. Der ältere Mann streichelte schluchzend ihre Wangen.

Der Polizist, der den Wagen gefahren war, schaute in die Runde, um sich einen schnellen Überblick zu verschaffen. Er strahlte eine große Souveränität aus und schien seinem Kollegen gegenüber weisungsberechtigt zu sein. Dann sagte er in bestimmtem Tonfall:

- Hier wird niemand geprügelt, der helfen will. Tun Sie nur immer Ihre Arbeit! Wir halten Ihnen den Rücken frei, sollte es zu Handgreiflichkeiten kommen.
- Niemand fasst meine Mutter an. Was glaubt ihr, wer ihr seid, ihr Schweine, wiederholte der junge Türke wutschnaubend in Richtung des wortführenden Polizisten.
- Sie beruhigen sich jetzt auf der Stelle und behindern die Rettungsmaßnahmen nicht länger, andernfalls müssen wir Sie in Gewahrsam nehmen, beschied ihm der Polizist mit Nachdruck.

Auf der gegenüberliegenden Straßenseite fuhren unter lautem Hupen und Gejohle zwei Wagen vor. Aus ihnen sprangen vier weitere junge Männer, Johannas Vermutung nach allesamt Türken. Sie kamen näher mit wiegenden Schultern und in ihrem kontinuierlichen Fluss abgehackten, fast spastisch anmutenden Bewegungen, die sie in Rapper-Videos abgeschaut haben mussten. Feixend gesellten sie sich zu der Gruppe hinter der verletzten Frau. Dort hatte der andere junge Mann seine Telefonate beendet und unterrichtete die Ankömmlinge über den Stand der Dinge. Die Situation bekam etwas unterschwellig Bedrohliches. Eine der beiden jungen Frauen übergab den Kinderwagen der Obhut der anderen und kam auf die beiden Polizisten zu.

- Ihr habt doch gehört, was mein Bruder gesagt hat. Wie könnt ihr es wagen, uns Reschtgläubigen eure stinkigen Befehle zu erteilen? Ihr seid Hurensöhne, nischts als Hurensöhne seid ihr. Verpisst eusch! keifte sie hochgradig erregt den Polizisten an und spuckte ihm hasserfüllt ins Gesicht.

Aus ihrem Mund schossen die Worte hervor wie Kugeln aus einem Maschinengewehr. Sie sprudelte ihre Tirade in fehlerfreiem Deutsch heraus, in welchem sie ebenso wie ihr Bruder nur das CH wie ein SCH aussprach.

Mit bewundernswerter Gelassenheit zog der Polizist ein Taschentuch aus seiner Hose, wischte den Geifer ab und sagte mit eiskalter Stimme:

- Das wird Konsequenzen für Sie haben!

Dann schaute er seinen Kollegen an und nickte ihm auffordernd zu. Der nahm unverzüglich sein Telefon, drückte eine Taste und sprach hinein:

- Wir sind hier Kreuzung Berliner Straße und brauchen Verstärkung. Hier eskaliert es gerade. Und bitte das große Programm. Beeilt euch!

Johanna stand halb unter dem Wartehäuschen der Bushaltestelle und verfolgte das Geschehen aus gebührendem Abstand, um den Rettungsarbeiten nicht im Weg zu stehen. Sie schaute sorgenvoll auf den Hund, der am ganzen Körper zitterte. Neben ihr standen andere Zuschauer, die ebenso fassungslos das Treiben verfolgten. Stimmen wurden laut.

- Lasst die Alte doch einfach krepieren, wenn die Spackalatzen Hilfe ablehnen! rief ein älterer Mann empört.
- Also wirklich! Haben Sie denn gar kein Herz? fragte eine Frau, an deren Hand ein kleines Mädchen ein trockenes Brötchen mümmelte.

Johanna fühlte sich zusehends elender beim Betrachten dieser unschönen Szene. Es gab Menschen, die in ihrer religiös verdrehten Weltanschauung keinen Respekt mehr hatten vor Ordnung und Barmherzigkeit. In welcher verkehrten Welt, in welcher kranken Zeit lebe ich, dachte sie. Diese unumkehrbar der Steinzeit verhafteten Leute würden sich niemals in eine moderne Gesellschaft fortschrittlichen Wandels integrieren. In diesem Land könnten sie kaum heimisch werden.

Johanna wollte nicht länger mehr Zeugin des aufgeladenen Geschehens sein. Eine merkwürdige Stimmung bemächtigte sich ihrer, eine schwankende Gefühlslage, die Wut, Traurigkeit und Resignation vermischte. Ihres Bleibens war nicht länger hier. Als sie sich langsam abwandte, sah sie kopfschüttelnd, wie eine Kolonne von drei weiteren Wagen auf der gegenüberliegenden Straßenseite hielt, die Insassen augenscheinlich per Telefon von dem anderen jungen Türken herbeigerufen. Die Gruppe wuchs auf fast zwanzig Personen an, die offenbar alle gewaltsam zu verhindern suchten, dass der verletzten Frau medizinische Hilfe zuteilwurde.

Über den flachen Häusern ging im Azur des östlichen Himmels ein bleicher Dreiviertelmond auf, noch beinahe mitten am Tag, ein fast symbolisches Ungleichgewicht der Gestirne, denn im Westen zögerte die wässerige Sonne zu sinken. Der Abend war ein ganzes Stück weit entfernt.

Johanna bog in die Rheinlandstraße ein, den vom Geschehen sichtlich verstörten Hund an der gestrafften Leine. Im Weggehen bemerkte sie noch die Ankunft eines vollbesetzten Mannschaftswagens der Polizei, aus dem sich eine ganze Anzahl vermummter und bis an die Zähne bewaffneter Uniformierter ergoss. In den nächsten Tagen würde sie im STADT-ANZEIGER den Ausgang der Aktion nachlesen können, aber eigentlich interessierte sie das kaum noch. Einmal mehr pries sie ihre Entscheidung, ihre Stimme bei den letzten Wahlen für die Rechtsnationalen abgegeben zu haben. Wenn die endlich an die Regierung kämen, würden sie dieses intolerante und gewaltbereite Geschmeiß ohne große Umstände in seine Heimat zurückschicken.

In der Nacht wälzte sich Johanna in wirren Träumen unruhig in ihrem Bett hin und her. Immer wieder hörte sie Sirenen, sah sie Blaulicht, und das unmittelbar auf der Straße vor ihrem Haus. Zwei Männer trugen auf einer Bahre einen Leichnam heraus. In ihrem Traum schwebte sie hoch über ihnen und sah, dass sie selbst der Leichnam war.

Aus den Tagebüchern 7

11. Februar 2018

Laufend kommen neue Fakten ans Tageslicht. Das Ungeheure lässt sich nicht komplett unter Verschluss halten, nicht einmal von denen, die am Ruder sitzen. Sie haben Macht, ja, aber noch ist sie nicht völlig uneingeschränkt. Es gibt undichte Stellen, Lecks, durch welche gelegentlich Details nach außen dringen. Ich habe Videos gesehen, viele Videos. Sie alle beweisen, dass die Kontinente untertunnelt sind. Es gibt hier in Europa unterirdische Systeme von Wegen, von England bis in die Türkei, alle miteinander verbunden, ein gigantisches Labyrinth. Die Bilder endloser Kamerafahrten belegen das. Von dort gehen sie weiter, verzweigt durch den gesamten asiatischen Raum. Die Eingänge sind verschüttet, verkleidet, gesprengt oder sonst wie unkenntlich gemacht, aber sie befinden sich überall, ohne dass ein argloser Betrachter sie als solche jemals wahrnehmen könnte. In Kellern, Steinbrüchen, Wäldern, an steilen Flussufern, oft in unzugänglichen Regionen, wo sich keines Menschen Fuß hin verirrt. Man muss nur seine Augen aufmachen, den Blick schärfen. Es liegt im Interesse der Mächtigen, dass die Existenz der Tunnel vergessen wird. Sie könnten Fluchtwege bereit halten, wenn die ultimative Vernichtung beginnt. Tief unter der Erde ist man vielleicht geschützt gegen die Apokalypse.

Manche Theorien besagen auch, die geheimen Tunnel gehen unter dem Atlantik hindurch bis hin zum amerikanischen Kontinent, wo sie das Land unterhöhlen wie überall sonst auf der Welt. Ich bin geneigt, dem Glauben zu schenken, denn es ist naheliegend und keinesfalls abwegig. Die perfide Besonderheit in den USA, vor allem in Kalifornien, besteht in dem riesigen unterirdischen Geflecht von Verliesen, in welchen jene Kinder gefangen gehalten werden, deren Blut den nie alternden Hollywood-Stars als Jungbrunnen dient. Bezahlte Gefängniswärter zapfen es ihnen ab und füttern sie mit Granatäpfeln und einer speziellen Diät, die der schnellen Bildung neuen Blutes dient. Alle in Hollywood sind süchtig nach dem aus ihrem Blutplasma gewonnenen Hormon Adrenochrom, das ist ein Fakt, das kann man überall nachlesen. Später, wenn die Kinder als Blutzapfstelle ausgedient haben und zu alt werden, schlachten die Henkersknechte sie ohne Erbarmen und verkaufen sie an die Lebensmittelindustrie. In Wirklichkeit werden chicken nuggets nicht aus Hähnchenbrust hergestellt, sondern aus dem Fleisch der unglückseligen Kinder. So entsorgt man sie. Mir wird schlecht, wenn ich solche skandalösen Fakten lese. Hinter dieser beispiellosen Grausamkeit stehen natürlich wieder einmal die Milliardäre. Auch sie lechzen nach Kinderblut, dem Quell ewiger Jugend, und haben zudem eine Vorliebe für das zarte Fleisch. Auch das kann man überall nachlesen. Solche konspirativen Geheimbünde hat es in der Geschichte der Menschheit immer schon gegeben: die Freimaurer, die Rosenkreuzer, die Illuminaten. Jetzt sind es halt die Milliardäre.

Ich verspüre Druck, großen Druck, weil ich das alles durchschaue. Ich kann mich niemandem mitteilen. Ich vertraue keinem außer Michael. Natürlich könnte ich Kontakt aufnehmen zu einigen der anderen Eingeweihten, aber ich befürchte, wir werden längst alle überwacht und kontrolliert. Mails, Textnachrichten, Telefonate, selbst Briefe unterliegen der ständigen Überwachung. Nichts kann ihnen verborgen bleiben. Die Eliten sitzen am längeren Hebel. Sie werden niemals zulassen, dass ihr Plan zunichte gemacht wird. Nur eins vermögen sie nicht: meine Gedanken zu lesen. Und die sind geheim. Bis zum Tag der Entscheidung.

16

Immer nur Michael

Schon als Nelly die Tür zum Elternhaus aufschloss, hörte sie die überlaut aufgedrehte Musik aus der Wohnung der Mutter dringen. Ihr Vater stieg soeben die in den Keller führende Treppe hinauf und begrüßte sie im Hausflur, ein gequältes Lächeln um den Mund. Die Brauen resigniert gerunzelt, hielt er sich mit beiden Händen demonstrativ die Ohren zu. Nelly tippte mit dem Zeigefinger an ihre Schläfe und gab ihm zu verstehen, dass auch sie das Treiben der Mutter als nicht normal ansah.

- Ich kann nichts tun. Es ist ihr Haus, ich bin nur der Mieter, brüllte er gegen den Krach an.

In die lärmige Musik mischte sich jetzt auch das Gebell des Hundes. Jamie hatte ihre Ankunft bemerkt. Die Mutter deutete sein Verhalten richtig und stellte die Musik leiser.

- Ist das wieder dieser Australier, den sie da pausenlos hört? fragte Nelly konsterniert.

- Früher waren es Elvis oder Ted Herold, jetzt hört sie nur noch ihren geliebten Michael, antwortete der Vater, als verfasse er einen klinischen Befund.

Oben öffnete Nelly die Tür und trat durch den Flur ins Wohnzimmer, wo der Hund sie freudig begrüßte. Musik, leiser jetzt, tönte ihr entgegen:

Beautiful girl
Stay with me
Beautiful girl
Stay with me

Ihre Mutter saß am Tisch und ordnete einen Stapel Fotos, die offenbar mit der Post gekommen waren. Ein großer Briefumschlag lag daneben. Nelly sah auf den ersten Blick, es handelte sich ausschließlich um Bilder ihres Lieblingssängers.

- Schau mal, was der Briefträger gerade gebracht hat. Ich habe erfolgreich bei einer Online-Auktion geboten, sagte die Mutter mit strahlendem Lächeln über ihren gelungenen Coup.
- Was ist das? Schon wieder Fotos von deinem großen Schwarm? Findest du nicht, dass deine Verehrung für einen toten Popstar allmählich ein wenig zu weit geht? fragte Nelly leicht verstimmt.
- Michael ist nicht tot, er ist unsterblich, antwortete Johanna schroff. Die leiseste Kritik an ihrem Idol machte sie ungehalten.
- Ich finde deine Begeisterung für ihn schlägt deutlich über die Stränge. Und auch dass du seine Musik in dieser Lautstärke hörst. Das ist für Jamies

empfindliche Gehörgänge die reinste Tortur, das sollte dir eigentlich klar sein, rügte Nelly sie weiter.

- Ich dachte schon, du bringst ins Spiel, dass dein Herr Vater sich belästigt fühlt.
- Mein Herr Vater fühlt sich in der Tat belästigt, und wer täte das nicht bei diesem unzumutbaren Lärmpegel? Er untersucht gerade sein Porzellan auf Sprünge ob der Zerstörungskraft der von hier ausgehenden Schallwellen, bestätigte Nelly, immer noch erzürnt über solch unbelehrbaren Egoismus.
- Für einen solchen Fall empfehle ich ihm Plastikgeschirr, erwiderte ihre Mutter ungerührt.

Nelly sah ein, eine Diskussion über dieses Thema führte zu keinem Ergebnis. Ihre Mutter konnte überaus hartnäckig sein. Oft genug war sie bei ihr gegen eine Wand der Ablehnung gelaufen. Und diese bizarre Vorliebe für einen seit über zwanzig Jahren verstorbenen Sänger erschien ihr inzwischen allzu sehr einer Therapie zu bedürfen. Letztens hatte die Mutter ihr stolz berichtet, sie habe, weil sie zukünftig nur noch die Musik von Michael hören wollte, alle ihre Musikalben an einen Händler verscherbelt, der Sammlungen gebrauchter Tonträger zu Ramschpreisen aufkaufte. Nelly wusste, dass sich unter den weggegebenen Platten einige lang vergriffene und äußerst wertvolle Raritäten befunden hatten, die jetzt unwiederbringlich verloren waren. Sie trauerte ihnen nach, weil sie beim Hören selige Erinnerungen an ihre Jugend wach gerufen hatten, an eine Zeit, in welcher ihre Mutter noch bei Sinnen gewesen war, zumindest was ihre musikalische Vielfältigkeit anging. Wehmütig vermisste sie seltene Originalalben von Michel Polnareff, Sandy Denny, Daliah Lavi und Robin Gibb. Aber Nelly fühlte sich machtlos, etwas gegen diese wachsende Besessenheit der Mutter zu tun. Sie kapitulierte und beschloss das Thema zu wechseln.

- Ich habe gehofft, meine Frau Mama bekocht mich heute mit einem fürstlichen Mittagessen, scherzte sie, um den kleinen Disput vergessen zu machen.
- Der von dir bevorzugte vegetarische Fraß fällt ja wohl kaum unter fürstlich, beschied ihr Johanna kratzbürstig.
- Mutti, bitte! Jetzt muss es aber gut sein, sagte Nelly, um Frieden bemüht und ihren Zorn hinunter schluckend.
- Ich dulde einfach nicht, dass irgendwer etwas gegen Michael sagt. Auch du nicht, sonst brauchst du hier gar nicht erst wieder aufzukreuzen. Dieser Mann macht mich glücklicher als jeder Mann zuvor in meinem Leben, antwortete ihre Mutter immer noch voller Wut.

Mit wachsender Bitterkeit bemerkte Nelly an sich, dass ihr jedwedes Verständnis für derart abnorme Gefühle fehlte. Plötzlich erwachte der ihr vererbte Widerspruchsgeist, und sie empfand ihre Anwesenheit in Johannas momentaner Verfassung als deplatziert. Zärtlich tätschelte sie Jamie zum Abschied den Kopf und verließ die Wohnung der Mutter ohne ein Wort.

Als sie, in der Hoffnung auf eine warme Mahlzeit, am nächsten Mittag wiederkam, ein wenig unsicher noch, wie sie empfangen werden würde, schien alle Unstimmigkeit gänzlich vergessen, und die Mutter begrüßte sie fröhlich.

Dieser kleine, damals von ihr als unbedeutend eingeschätzte und bald schon vergessene Vorfall kam Nelly wieder in Erinnerung, als sie aus den Tagebüchern mehr und mehr über die pathologische Beziehung ihrer Mutter zu dem von ihr vergötterten Idol erfuhr.

Aus den Tagebüchern 8

29. Dezember 2021

Seit einem Jahr zeigen die Fernsehbilder täglich Impfungen dieser völlig verblödeten Idioten, die sich frommen Schäfchen gleich willenlos zur Schlachtbank führen lassen. Herdenweise lechzen sie wie nach einer seligmachenden Droge nach dem tödlichen Gift, das man ihnen in den Körper injiziert. Dazu liefern die Verantwortlichen dann ohne Unterlass weitere Bilder von angeblich auf den Intensivstationen der Krankenhäuser mit dem Tod Ringenden, und bereits Geimpfte -und natürlich durch den Impfstoff ebenfalls von ihnen Kontrollierte- dramatisieren die Lage mit ihren verlogenen Kommentaren. Das ist Hollywood pur! Ich begreife nicht, wie die Menschen blind an so billige Lügen glauben können. Alles ist nur eine gigantische Inszenierung in der brüchigen Kulisse der Realität.

Auch der Großteil der Politiker appelliert unentwegt an die Bevölkerung, sich endlich impfen zu lassen. Sie werden alle von den Eliten bezahlt, diese korrupten Schweine. Und sie hoffen inständig, durch diesen ihren Beitrag zu der weltumspannenden Verschwörung von der finalen Vernichtung verschont zu bleiben. Vielleicht dass die Milliardäre sie ebenfalls ausfliegen, hinauf ins All, oder ihnen die geheimen Eingänge zum Tunnelsystem öffnen, wo sie Hoffnung haben können, dass ihnen die aus den Chemtrails auf die Erde herabregnenden Substanzen nichts anhaben werden.

Und obendrein immer wieder diese ebenso kaum zu ertragenden Berichte von Tests. Auf sämtlichen Fernsehkanälen läuft nichts anderes mehr. Tests, Tests, Tests. Wir schauen rund um die Uhr zu, wie Teststäbchen in Nasenhöhle und Mund eingeführt werden. Und diese blöden Lämmer kapieren es einfach nicht. Sie lassen sich impfen, sie lassen sich testen. Warum merkt denn keiner von diesen abgestumpften Idioten, dass auch das wieder nur eine abgefeimte Methode der Kontrolle ist? Ich habe gelesen, dass aus den Teststäbchen Gifte über die Schleimhäute in ihre Körper gelangen, die sie zu willfährigen Sklaven umprogrammieren, die nur das tun, was ihnen eingeflüstert wird. Mit den Teststäbchen erreichen sie die Impfgegner, zwingen sie so, wenn sie nicht auf das soziale Leben verzichten wollen, sich das Gift einzuverleiben. Ebenso verhält es sich mit den allenthalben aufgestellten Behältern mit Desinfektionsmitteln. Darin ist nur eine über die Haut in den Körper ziehende Droge, das uns alle manipulieren soll. Als ich mit Nelly kürzlich im Supermarkt einkaufen war, wollte sie unbedingt, dass ich meine Hände desinfiziere, um mich vor möglicherweise sich auf dem Griff des Einkaufswagens befindlichen Viren zu schützen. Sie glaubt tatsächlich diesen ganzen Schwachsinn, der über die lügnerischen Medien verbreitet wird.

Auch die ständig wechselnden Strategien dienen nur einem Zweck: sie sollen das Volk mürbe machen. Sie schüren die Angst, sie erhöhen den Druck durch Berichte über immer neue Virus-Varianten. Mal gibt es Impfstoff für alle, dann ist er knapp. Das soll Begehrlichkeiten wecken, eventuell Panik auslösen. Ich sehe Berichte aus Afrika, in denen angeblich nur eine Handvoll auserwählter Schwarzer geimpft wird. Sie sagen, dort herrscht ein großer Mangel an Impfstoff. Vielleicht ist es sogar der Plan, die Neger überleben zu lassen.

Man impft sie nicht, sondern nur die übrige Weltbevölkerung. Dann werden die Herren aus Hollywood, wenn sie übernehmen, ein neues Sklavensystem einführen, in dem die Bewohner Afrikas ihnen dienen.

Bei dieser bis ins kleinste Detail durchkalkulierten Verschwörung, die sich über den gesamten Planeten erstreckt, arbeiten Politiker, Mediziner, vor allem die sogenannten Virologen, und natürlich die allgegenwärtigen Medien Hand in Hand. Sie bemühen sich mit aller Macht um einen seriösen Anstrich, aber mich können sie niemals täuschen. Ich hoffe nur inständig, ich bin bei Michael, bevor der Countdown beginnt. Er sagt mir immer wieder, ich müsse Geduld haben, er habe sie auch, aber was kann ich tun: ich bin nun einmal notorisch ungeduldig. Geduld fällt leicht an einem Ort, wo keine Zeit herrscht. Und ich werde sie schon noch erlernen, die Geduld, wenn ich erst bei ihm bin.

17 Suicide blonde

Dieses Lied war ihr Lied, ganz und gar ihres. Auch wenn alle seine Lieder Nachrichten für sie enthielten, und nur für sie, dieses eine jedoch barg noch mehr in sich als jedes andere, dieses eine besondere Lied war Programm! Es enthielt Michaels versteckte Botschaft an sie, welche nur sie allein verstehen konnte. Die Aufforderung zu ihm zu kommen. Dorthin in jene seligen Gefilde, wo er auf sie wartete.

Suicide Blonde
Suicide Blonde
Suicide blonde was the colour of her hair

Oh ja: sie hatte auf Anhieb verstanden, was er ihr mitteilen wollte. Sie erinnerte sich in schwebender Glückseligkeit, wie sie an ihrem dreißigsten Geburtstag das triste Brünett ihres Haares urplötzlich leid gewesen war und sich von diesem Tag an blond gefärbt hatte. Wie die Elfen in ihrem Märchenbuch. Wie die Frau im Lied von Michael. Die Frau, die keine andere als sie war, denn er hatte sie, Johanna, in all seinen geheimen Träumen von ewiger Liebe vorhergesehen und ihr allein das Lied gewidmet.

Glory to you
Glory to you
Take me there

Und immer wieder erstaunte sie ob der ihr als himmlische Fügung erscheinende Bewandtnis, die es damit auf sich hatte. Sie hatte das Lied zum ersten Mal gehört in einem ganz besonderen Moment ihres Lebens, und es hatte sie wie ein Blitzschlag nieder gestreckt. Seitdem ihr Engel der -mehr noch als Jamie- alleinige Mittelpunkt ihres Lebens geworden war, hatten sich die eindeutigen Zeichen gehäuft. Das alles konnten schon lange keine Zufälle mehr sein, es waren vielmehr Signale, Botschaften, Beweise seiner Liebe, ihm eingegeben von seinem glühenden Wunsch, für immer vereint zu sein mit ihr.

Sie wusste noch, als wäre es erst gestern gewesen, mit welcher Urgewalt Michael in ihr Leben gestürmt war. Sein Video lief im Fernsehen, damals, als sie nach dem unseligen Zeckenbiss das Bett hüten musste und ihre von Langeweile strotzenden Tage sich nahezu endlos zu dehnen schienen. Da erblickte sie ihn auf einem Musiksender, und er war nichts weniger als der schönste Mann, den sie jemals gesehen hatte. Auf der Stelle war sie ihm restlos verfallen, und sie spürte, es gab kein Zurück mehr. Und während die Kamera sich in einer kühnen Zoomfahrt direkt auf sein wie aus Marmor gemeißeltes Gesicht eines Apolls zu bewegte, schaute er ihr tief in die Augen, unzählige Mal, immer wieder, nur ihr, mit unergründlichem Blick. Er schüttelte seine dunklen Locken im Rhythmus der stampfenden Musik, tanzte dazu wie ein Gott, mit seinem tief ausgeschnittenen Dekolleté, das seine glatte Brust enthüllte, und er ignorierte all diese blonden Hexen um sich herum, die mit verführerisch gemeinten, aber letztlich nur lächerlich banalen Manövern versuchten, die Aufmerksamkeit eines Mannes, der so unendlich hoch über ihnen stand, zu erringen. Aber Michael hatte vom ersten Moment an nur Augen für sie allein und nicht für diese unwürdigen Schlampen. Er war so unglaublich sexy, in seinem schwarzen Lackmantel, in seinem silbernen Hemd, das wie ein aus Sternen gewebtes Kleidungsstück um seinen Leib wehte, ebenso wie in dem nachtschwarzen Hemd und dem Anhänger, den er um den Hals trug. Seine Ausstrahlung hatte etwas wild Animalisches wie zugleich betörend Romantisches, eine perfekte Mixtur von Engel und Teufel.

You want to make her suicide blonde

An jenem Tag hatte sie begonnen: ihre unerschütterliche, ewige Liebe zu dem allerobersten Engel des Pop. Es hatte sie schier überwältigt. Dieser Mann nahm so unmittelbar und so ganz Besitz von ihr: von ihrer Seele, ihrem Geist, ihrem geheimen Wünschen und ihrem Körper. Er drang tief in sie ein, mit seinem von ungebremster Vitalität prallen Sein, das sich wie ein Zauber über ihre Seele legte. Sie wand sich, willenlos und willkürlich zugleich, im Takt der Musik, bewegte im Liegen die Hüften hin und her, vor und zurück und auf und nieder, schlängelte ihren in unnennbarer Sehnsucht berstenden Leib zu seinem göttlichen Gesang in einer von überbordender Lust vibrierenden Choreographie, bis eine seismische Flutwelle nie zuvor gekannter Erfüllung, eine jede ihrer Fibern ergreifende Eruption durch ihren ganzen Körper brandete und nicht mehr verebben wollte. Es schüttelte sie, aus ihrer innersten Mitte konzentrisch nach außen dringend, mit einer an einen epileptischen Anfall gemahnenden Heftigkeit, die alles infrage stellte, was sie sich bisher an Seligkeit hatte vorstellen können.

In jenem magischen Jahr 2009 jagten sich die einschneidenden Ereignisse in wahrhaft atemberaubender Geschwindigkeit. Im Frühjahr erkrankte Johanna nach dem Zeckenbiss an diesem seltsamen Fieber, das ihre Gedanken auch nach der Genesung bisweilen auf Abwege führte, im Spätherbst dann verstarb ihre Mutter, und Nelly setzte ihr so lange zu, bis sie schließlich Linus als Mieter wieder in ihr Haus aufnahm. Das Allerwichtigste aber, was ihr in diesem Jahr widerfuhr, war, nach all den zeitraubenden Irrwegen, welche sie in der Liebe beschritten hatte, dass ihr Engel, dass Michael endlich in ihr Leben gekommen war und mit ihm doch noch die wahre, die eine große Liebe.

Aus den Tagebüchern 9

7. März 2019

Ich streue Salz in die Fugen des Gehwegs. Gegen das Unkraut ist kein Kraut gewachsen. Es ist Teil des Plans, den das Böse ausgeheckt hat. Wir sollen überwuchert werden. Wie Dornröschen im Märchen. Salz auf Gehwegen und Straßen zu verwenden ist gesetzlich verboten. Aber es ist das einzige Mittel, welches das Übel wirksam bekämpft. Längst hat sich alles Unkraut gegen die handelsüblichen Vernichtungsmittel immunisiert. Was dann noch offiziell in den Verkauf gelangt, wird vorher in seiner Wirkung unschädlich gemacht, auf dass das Unkraut ungebremst weiter voranschreiten kann. Es wird von Jahr zu Jahr mehr, wächst üppiger, in immer neuen Varianten. Man kommt nicht mehr nach. Im letzten Jahr wuchsen überall zweiblätterige kleine Ahorne. Sie kommen auf Helikopter-Propellern, welche sie schwerelos kreisend weit durch die Luft treiben. Dann schlagen sie im Erdreich ihre Wurzeln, die sich wie Widerhaken in den Boden krallen und sofort kleine Schösslinge empor wachsen lassen. Dieses Jahr ist es eine Pflanze ähnlich dem Giersch - soweit das Auge reicht, keimt sie und treibt in rasender Schnelle aus. Bald darauf entwickelt sie weiße Blütenstände, die beinahe sogar schön anzuschauen sind. Und allüberall der Löwenzahn, dessen gelbe Blüten zu diesen unschuldig zarten Pusteblumen mutieren, welche ihre Samen infam der allerleichtesten Brise überantworten. Dann Bärenklau, Disteln, Schachtelhalm, Ampfer, Brennnesseln, Moose, Klee und all das sich rasant vermehrende Zeug. Und im Herbst übernehmen die Pilze. Natürlich sind sie alle giftig. Sie bilden unterirdische Geflechte, die sich über Kilometer erstrecken, die bei weitem größten Organismen auf dem Planeten. Alle sind miteinander verbunden, das perfekte Werkzeug. Um den großen Plan zu verwirklichen, hat man sie zu Verbündeten gemacht.

Ich begreife Nelly nicht, die in ihrem vegetarischen Wahn ständig Pilze essen möchte. In meiner Küche kommen niemals Pilze auf den Tisch, das weiß sie. Ich weigere mich, sie ihr vorzusetzen. Sie lamentiert und diskutiert und argumentiert, Pilze wären kalorienarm, gesund und nahrhaft und kämen heutzutage alle aus Zuchten, die für eine einwandfreie Qualität ohne jegliche Giftstoffe garantierten. Ich verzichte darauf, sie über meine wahren Bedenken aufzuklären, das würde sie nicht verstehen und mich für paranoid erklären. Also habe ich ihr erzählt, ich hätte als junge Frau einmal eine Pilzvergiftung gehabt und seitdem eine unüberwindbare Aversion gegen ihren Verzehr. Das beruhigte sie schließlich, und sie schwieg über das leidige Thema. Soll sie Pilze essen, es ist mir egal. Nelly ist mir egal.

Mein schnippisches Fräulein Tochter steht auch auf Dauerkriegsfuß mit meinem Nachbar von nebenan, dem feinen Herrn Schriftsteller. Ich kann ihn sogar verstehen, wenn sie vor seinem Haus in zweiter Reihe parkt oder ihre Ankunft durch lautes Hupen ankündigt, in ihrer typisch zickigen Manier, ohne Rücksichtnahme und ohne sich im Geringsten um Verkehrsregeln zu scheren. Er hat so eine preußische Ader, immer genau, immer ordentlich. Ein Pedant vor dem Herrn. Ein echter Korinthenkacker! Aber so einer kennt tatsächlich, wie er mir kürzlich bestätigte, die Musik von meinem Engel. Ich war völlig überrascht. Früher habe ich ihn immer für ein ignorantes und arrogantes Arschloch gehalten, aber damit hat er klar bei mir gepunktet. Ich habe ihm natürlich nicht gesagt, dass Michael und ich ein Paar sind, das würde so ein beschränkter Kleingeist von akademischem Pinkel kaum verstehen. Ohnehin glaubt er den totalen Durchblick zu besitzen, egal worüber wir auch sprechen. Inzwischen finde ich es manchmal sogar ganz amüsant, mit ihm zu plaudern, obwohl er liebend gern den Oberlehrer heraus kehrt. Letztens hielt er mir einen langen Vortrag über Jungfrauengeburt. Ich hatte erwähnt, dass ich an diesen ganzen christlichen Humbug nicht glaube. Wie sollte das möglich sein: Jungfrauengeburt? Befruchtet vom Heiligen Geist. Das ist so lächerlich. Ich wurde geradezu wütend. Da erzählte er in seiner hochgestochenen Art was von literarischen Motiven wie der Auszeichnung eines epischen Helden und dass eine Jungfrauengeburt de facto (er sagte tatsächlich de facto!) natürlich unmöglich sei, dass aber im biblischen Text, der die Fakten der Historie mit einer fiktiven Erzählung vermische, diese lediglich als Symbol der Reinheit gedachte Eigenschaft keinesfalls wortwörtlich zu nehmen sei. Ich habe nicht alles verstanden, was er da doziert hat, aber irgendetwas wird er sich schon dabei gedacht haben. Immerhin hat er Literatur studiert und Philosophie auch noch. Nur sind meine Erfahrungen mit diesem Studiertenvölkchen nicht unbedingt die besten gewesen, wenn ich allein an die hypergestörten Persönlichkeiten von Nils und vor allem Letizia denke, dreht sich mir der Magen um. Daher bleibe ich auch bei ihm lieber auf Distanz, obwohl er etwas Vertrauenerweckendes ausstrahlt. Vielleicht würde er mich sogar eher verstehen als Nelly, mein eindimensional strukturiertes Fräulein Tochter.

Wir begegnen uns in unregelmäßigen Abständen, wenn ich mit Jamie unterwegs bin und er gerade aus dem Fitnessstudio oder dem Supermarkt heim kommt. Und Jamie mag ihn, das ist ungewöhnlich, weil er sich anders als bei Hunden bei den meisten Menschen zurückhält. Zu ihm aber geht er schwanzwedelnd hin, lässt sich von ihm bereitwillig streicheln und beschnuppert seine Hand.

Aufgrund von Jamies Zuneigung habe ich sogar das erste Buch des Herrn Schriftstellers gekauft. Nachdem ich es gelesen hatte, einen eigentlich ganz spannenden Roman über eine Kannibalin, habe ich ihn gefragt, wie er auf so ein absonderliches Thema kommt, und den dringenden Wunsch geäußert, seine Tiefkühltruhe zu inspizieren, ob dort verborgen vielleicht der Stoff für seine Geschichte lagerte. Wir haben gelacht, und kurz war ich tatsächlich versucht, ihm mehr über Michael zu berichten, aber dann war ich in Sorge, ich könnte mich in meiner Euphorie allzu sehr verplappern. Es reicht, dass er weiß, wie sehr ich die Musik liebe, die mein Engel mit seiner Gruppe gemacht hat. Nein, ich darf mich niemandem anvertrauen. Nur meinem Tagebuch.

18

Die Elfenkönigin

Es gab noch eine allerletzte Aufgabe zu erledigen, bevor sie die Reise antrat. Sie ging langsam hinüber zum Tisch, wo sie sich in Gedanken verloren mit einem Bein auf den Stuhl davor kniete. Dann setzte sie sich vollends hin, fuhr mit der Linken noch einmal sinnierend durch ihr blondes Haar und schlug endlich das Tagebuch auf einer neuen Seite auf. Das Datum zeigte den 22. November 2022. Sie musterte das vor ihr sich öffnende weiße Blatt mit heiligem Ernst.

In fein säuberlicher, um schönen und gleichmäßigen Schwung bemühter Reinschrift nahm Johanna den letzten Eintrag in ihr Tagebuch vor. Dem feierlichen Anlass gemäß schrieb sie mit dem Füllfederhalter ihrer Mutter, einem von einer Goldspitze geadelten Erbstück aus Ebenholz, und sie schrieb mit blauer Tinte von der Farbe der Mitternacht.

Und nachdem sie die ihrer zitternden Hand von unendlicher Liebe diktierte Niederschrift vollendet hatte und mit klopfendem Herzen vor dem gelungenen Ergebnis saß, ergriff sie mit einer fast nachlässigen Bewegung das neben ihr liegende Lineal und zeichnete mechanisch und verträumt mit ihrem Federhalter einen akkuraten Doppelstrich unter ihre Worte, quer über das ganze Blatt, die obere Linie ein wenig stärker als die untere. Und unter die beiden Linien, die den Abschluss ihrer Tagebuchaufzeichnungen bedeuteten, schrieb sie in großen, verschnörkelten Lettern mit altmodischen und weit ausladenden Schleifen:

ENDE DES TAGEBUCHS
VON JOHANNA HEIDENREICH

Dann stellte sie das Buch in den Schrank zu den anderen dreizehn Bänden. Sollte Nelly sie immerhin finden und lesen. Das spielte jetzt keine Rolle mehr. Es war so etwas wie ihr Vermächtnis. Johanna ertappte sich bei dem Gedanken, dass die Lektüre ihrer intimsten Gedanken ihr einen allerletzten Triumph über ihre Tochter bescheren würde.

Um jeder eventuellen Störung ihres Vorhabens durch Linus oder einen spontanen Besuch Nellys vorzubeugen, schloss sie die Wohnungstüre von innen ab und ließ den Schlüssel stecken. Dann packte sie einen der rund um den Esstisch stehenden sechs Stühle an der Lehne, um ihn nach oben ins Dachgeschoss zu tragen. Jamie sprang aufgeregt um ihre Beine. Das kluge Tier witterte das Nahen des Außergewöhnlichen. Am Nachmittag bereits, als sie Linus aus dem Haus gehen hörte und von ihm keine lästigen Fragen hinsichtlich des Lärms zu erwarten waren, hatte Johanna die Gipskartonplatte, welche von innen die

Dachbalken verkleidete, mit einigen gezielten Schlägen des Hammers zertrümmert, um das Seil über die stabile Holzkonstruktion werfen zu können. Ihr methodisch durchdachtes Vorgehen versetzte sie in helles Entzücken, in das sich die erregende Vorfreude mischte, endlich, nach all den endlosen Jahren des Wartens, mit ihrem Engel zusammen zu kommen. Der einzige Wermutstropfen in ihrem Glück war, dass sie Jamie nicht mit auf ihre Reise nehmen konnte. Sie hatte Michael bei ihrem letzten Kontakt gefragt, ob das möglich wäre, und er hatte es verneint. Sie musste sich, so traurig das war, von ihrem Liebling verabschieden, wenn sie ihre Seele auf Wanderschaft in eine andere, in eine bessere Welt sandte. Das Jenseits hatte für Tiere die Pforten geschlossen.

- Mein Herz, ich komme! jubelte es lauthals in ihr.

Sie stellte den Stuhl unter das vom Dachbalken hängende Seil. Dann ging sie zurück die Treppe hinab, der Hund immer an ihren Fersen. Der schwerste Augenblick stand bevor. Johanna wies ihm mit dem Zeigefinger den Weg zu seinem an der Rückwand des Wohnzimmers stehenden Körbchen, wo er zu schlafen pflegte. Die Tränen des Abschieds liefen ihr in hellen Strömen über die Wangen, als sie Jamie mit beiden Händen ergriff und zu sich hoch nahm. Laut aufschluchzend rieb sie ihre Nase an seinem Fell, drückte ihm ein, zwei, drei innige Küsse auf die Schnauze und setzte ihn sodann, ihn noch ein letztes Mal zwischen den Ohren kraulend, auf seine Schlafdecke.

- Schön Platz da, mein Liebling! sagte sie mit erstickter Stimme.

Der Hund wedelte zum Zeichen des Gehorsams mit dem Schwanz und legte seinen Kopf auf die ausgestreckten Vorderpfoten. Abrupt wandte Johanna sich ab und erstieg abermals die Treppe hinauf zum Dachgeschoss. Sie klammerte sich mit der Linken an den Handlauf, weil ihre im Meer der Tränen verschwimmenden Augen die Stufen nicht erkennen konnten.

Oben sammelte sie die Gipsbrocken der Deckenverschalung vom Teppichboden auf, entfernte mit dem Staubsauger noch kurz die darum liegenden Reste und setzte sich dann in den Ohrensessel vor dem Radio ihrer Mutter.

Der frühe Abend war eine ungewöhnliche Zeit zur Kontaktaufnahme, da sie üblicherweise erst nach Mitternacht den Radioempfänger anstellte, aber sie wollte unbedingt versuchen, vor ihrem Aufbruch noch ein letztes Mal seine Stimme aus dem Äther zu hören. Und das Glück war ihr gewogen. Sie tastete wie immer die Frequenzen der Mittelwelle ab, als sie irgendwo im Niemandsland, eingebettet zwischen den schwachen Signalen von Radio Cagliari und Radio Moorside Edge auf einer auf- und abschwellenden Frequenz zwischen 1062 und 1089 Kilohertz, die samtene Stimme ihres Engels vernahm. Der ungewohnt zügig zustande kommende Kontakt bestärkte sie in der Gewissheit das Richtige zu tun und erfüllte sie mit lauterem Glück.

- Bist du da? fragte sie, bebend in Erwartung.
- Ich bin da, antwortete er, und seine Stimme pulsierte in Schauern der Erregung durch ihr Mark.
- Heute ist der Tag. Ich weiß, ich irre mich nicht, flüsterte Johanna heiser.
- Mein kluges, kluges Mädchen! Du hast es also herausgefunden. Ich bin so stolz auf dich, erwiderte Michael, und sie glaubte eine tief empfundene Rührung in seinen Worten zu hören.
- Du durftest es mir nicht sagen. Ich musste selbst den richtigen Zeitpunkt bestimmen. Das war die Bedingung, dass wir zusammen kommen. Und ich bin sicher, es ist heute und kein anderer Tag, sagte sie zärtlich.
- Ja, es ist heute. Oh wie sehr habe ich diesen Tag herbeigesehnt, und ich weiß, du hast das auch. Ich warte auf dich in unserem Haus am Meer, antwortete er, seine Stimme nur ein Wispern.
- Ist es schön dort, wo wir leben werden? fragte sie.
- Es ist das Paradies, du wirst sehen. Unser Haus liegt auf einem grünen Hügel hoch über dem Meer, inmitten von prunkvollen Gärten mit nie verblühenden Blumen und Schatten spendenden Bäumen. Bunte Vögel bezaubern bei Tag mit lyrischem Gesang, und bei Nacht sinken die schweren Sterne herab wie ein Schleier aus von Silber durchwirktem Brokat und umgeben uns mit ihrem ewigen Licht, klärte er sie auf.

- Und wirst du mich immer lieben, mein schöner Engel, so wie ich dich immer lieben werde? begehrte Johanna zu wissen.
- Du allein bist doch meine Elfenkönigin. Wie kannst du noch fragen? Für immer und ewig nur wir beide, beteuerte er.
- Für immer und ewig! schwor sie ihm glühend zu.
- Komm, und wir werden bei den Elfen sein, unsterblich wie sie! flüsterte er verführerisch.
- Du mein Oberon und ich deine Titania, Gestalten des ewigen Lichtes, wuchs die Begeisterung in Johanna unaufhaltsam weiter.
- So soll es sein!

Ein plötzliches Rauschen aus dem Lautsprecher des Radios unterbrach sie in ihren süßen Träumen und ließ den Kontakt von einem auf den anderen Augenblick abbrechen. Aber Johanna hatte alles vernommen, was ihr Herz begehrte.

Mit laut pochendem, von Freude überfließendem Herzen erhob sie sich aus dem Sessel, ging die drei Schritte hinüber zum Stuhl, stieg auf seine Sitzfläche und legte sich die Schlinge des Seils um den Hals. Dann flüsterte sie leise:

- Ich komme zu dir, mein Engel!

Als der Stuhl unter ihr mit einem klackernden Poltern umfiel, schwebten ihre Füße tanzend in der Luft, schwerelos wie die Elfen im nächtlichen Reigen.

Aus den Tagebüchern 10

22. November 2022

Ein historischer Tag bricht an. An Michaels fünfzigstem Geburtstag hatten wir beide zum ersten Mal Kontakt. Heute ist sein fünfundzwanzigster Todestag, und wir kommen endlich zusammen. Ich gehe zu ihm. Unwiderruflich. Für immer und alle Zeit. Ich habe es genau berechnet, wieder und wieder. Ich kann mich nicht irren. Das ist der Tag. Der Tag, auf den ich so lange gewartet habe. Der Kosmos ist ein wunderbarer Ort. Er ist voller geheimer Zeichen. Man muss sie nur zu deuten wissen.

Ich glaube, Michael ahnt, dass ich bald zu ihm komme. Bestimmt ist er genau wie ich voller Euphorie. Vor einigen Nächten hatten wir nochmals Kontakt, danach nicht mehr. Er sprach klar und deutlich zu mir. Ich berichtete ihm von meiner Erleuchtung, vom Wissen um den richtigen Moment der Seelenwanderung. Und er sagte dann plötzlich gar nichts mehr, er sang nur durch das Rauschen gefiltert und inspiriert von höchstem Glück. Er sang:

We could live
For a thousand years
But if I hurt you
I'd make wine from your tears
I told you
That we could fly

'Cause we all have wings
But some of us don't know why

Wir könnten für eintausend Jahre leben. Wir haben Flügel, und wir können fliegen. Es wird wahr, mein Märchen. Michael, mein geliebter Engel. Ich komme zu dir. Heute!

Ich folge ihm nach, auf eben die gleiche Art, auf die er mir vorangegangen ist. Das Seil habe ich bereits am Dachbalken befestigt. Es muss exakt so geschehen, nicht anders. Nur dann wird es gelingen. Und es muss gelingen. Der Übergang wird kurz sein und ohne Schmerzen. Ich bin voller Hoffnung, voller Freude. Michael, ich liebe dich!

ENDE DES TAGEBUCHS
VON JOHANNA HEIDENREICH

Kapitel

Soundtrack

Im Text wird aus folgenden Liedern der Gruppe INXS zitiert:

Mystify me
Baby don't cry
Never tear us apart
Need you tonight
Heaven sent
Beautiful Girl
Suicide Blonde

Ferner wird zitiert aus:

Ted Herold "Moonlight"
Peter Kraus "So wie ein Tiger"
Fleischwolf "Der Querulant"

Leseprobe:

Wim Martin

Die Pandemie

Roman

Taschenbuch Originalausgabe, 276 Seiten
Hummelshain Verlag 2021
€ 13,80

1 Sous vide

Es waren diese stillen Stunden gänzlich ungetrübten Glücks, die sie am meisten liebte. Wenn sie einfach nur da saß und ihn beobachtete. In solchen Momenten glaubte sie, das Blut wie glutheiße Lavaströme durch ihre Adern kreisen zu spüren, und sie hätte alles dafür gegeben, die Zeit anhalten zu können. Ganz gleich was er tat, ob er nur müßig auf dem Bett lag, sein tägliches *workout* absolvierte, ob er duschte, ein Buch las oder unter dem Kopfhörer der Musik lauschte: er hatte diese unglaubliche, sie immer noch in magischen Bann schlagende Ausstrahlung, welche sie vom allerersten Mal an, als sie ihm begegnet war, schier überwältigt hatte. Sie schien um seine Gestalt zu gehen wie eine gleißende Aureole.

Auch jetzt noch, nach elf Jahren Ehe, war Leo diese Geschmeidigkeit einer Raubkatze zu Eigen, männlich, mit dem fließenden Aplomb eines Tänzers und dem deutlichen Signal von Gefahr. Er glich, dachte Emilia, einem jungen Silberlöwen, schlank, stark, unberechenbar. Und sie hatte ihn gezähmt. Es hatte seine Zeit gebraucht, aber sie hatte ihn schließlich gezähmt, mit List und mit Geduld.

Gerade eben legte er das Buch, in dem er gelesen hatte, zurück auf das Bord über seinem Bett. Es war der Roman, den sie ihm zum Geburtstag geschenkt hatte, Dumas '*Der Graf von Monte Christo*'. Sie fand, das war ein überaus passendes Geschenk. Leo liebte Kolportageromane, und die unverkennbaren Parallelen zu seiner Situation würden ihm garantiert bestens die Zeit vertreiben. Und über Zeit verfügte er nach dem unfreiwilligen Ende seiner Berufstätigkeit wahrlich im Übermaß.

Emilia überlegte, was sie heute für ihn kochen sollte. Sie war glücklich, sie schaute ihm zu mit leuchtenden Augen, sie war in der Stimmung, ihn mit einem seiner Leibgerichte zu verwöhnen, Kalbsmedaillon in Morchelrahm vielleicht oder Taglierini mit Culatello. Von Beginn ihrer Ehe an hatte sie auf eine ausgewogene Ernährung geachtet, doch Leo war ebenso wie sie selbst nicht der Typ, der schnell Fett ansetzte, und seitdem er mit der ihm eigenen Verbissenheit trainierte, gab sie ihm zusätzlich zu den Mahlzeiten Proteindrinks, damit er nicht mehr Kalorien verbrannte, als er zu sich nahm. Sein Körper bestach durch eine definierte Muskulatur und die harmonische Proportion aller Teile, ohne jedoch künstlich aufgepumpt zu wirken. Auch nach all den langen Jahren ihrer Ehe bekam sie wachsweiche Knie, wenn sie ihn unter der Dusche oder beim Training mit den Hanteln betrachtete. Im nächsten Jahr wurde er vierzig, und Emilia dachte, dass er sich jetzt im Zenit seiner Physis befand und noch keinerlei Anzeichen von Alterung aufwies.

Auch mit ihrem eigenen Äußeren war sie überaus zufrieden, mehr noch seit sie vor sechs Jahren begonnen hatte, *Martial Arts* zu erlernen. Zu ihrer Genugtuung fanden sich an ihr, wenn sie in den Spiegel sah, keine Spuren von Cellulite, Orangenhaut oder erschlafftem Gewebe. Ihre Brüste waren wohlgeformt und fest, ihr Bauch straff, ihr Po rund wie ein junger Apfel. Andere Frauen hatten mit fünfunddreißig Jahren ihre Figur ruiniert durch undisziplinierte Essgewohnheiten, schlechte Gene, Schwangerschaften oder einen verrücktspielenden Hormonhaushalt. Das alles war ihr erspart geblieben. Sie aß seit jeher bewusst, ihre Erbanlagen sahen keinen vorzeitigen Tribut an das Alter vor, ihre Hormone blieben friedlich, und Leos glühendem Kinderwunsch hatte sie niemals nachgegeben. Der frühe Tod ihrer eigenen Mutter würde zeitlebens als ein unüberwindliches Trauma auf ihr lasten, und selbst Kinder zu haben war schon aus diesem Grund für sie absolut unvorstellbar. Emilia spürte die Gewissheit, vom Tag der Geburt an wäre sie der quälenden Angst ausgeliefert, die schutzlosen Wesen, die aus ihrem Schoß das Licht der Welt erblicken würden, all zu früh zurücklassen zu müssen.

Ihrem Leben hatte der Kampfsport damals eine völlig neue Richtung gegeben. Es war nicht allein die körperliche Vervollkommnung, die sukzessive Beherrschung bestimmter Bewegungsabläufe, die Koordination des in intuitiver Abstimmung mit einem Kontrahenten oder Mitstreiter ausgeübten strategischen Verhaltens, die eine geradezu rituelle Choreographie herauf beschworen. Die Kunst des Kriegerischen lehrte ihre Jünger ebenso eine zutiefst spirituelle Sicht der Dinge, welche den Weg der Selbstfindung erleuchtete und nichts Geringeres als die vollkommene Einheit von Körper und Geist anstrebte. Emilia erkannte bald schon an sich einen unaufhaltsamen Fortschritt, eine schillernde Schönheit, die keineswegs dem Narzissmus huldigte, sondern vielmehr einer gereiften

Gelassenheit, einem unerschütterlichen Glauben an die eigene Stärke, einer Kraft, die vor der Beschäftigung mit *Martial Arts* in ihr gänzlich unbemerkt geschlummert hatte. Ihr Gang federte seither, ihre Haltung war aufrechter, und aus jeder ihrer Poren quoll eine augenfällige Unangreifbarkeit.

Und dieses tief in ihr wurzelnde und ihre Seele bestärkende Selbstbewusstsein half zugleich entscheidend bei der Bewältigung der Vergangenheit. Es war, als ob sie rückwirkend Kraft schöpfte im Umgang mit dem Entsetzlichen, dem lähmenden Alptraum, den sie niemals vergessen konnte.

Leos gleichmäßige Atemzüge drangen leise zu ihr. Er lag auf seinem Bett, das Licht gedimmt, die Schlafbrille über den Augen, den Kopf zur Seite geneigt auf seinem angewinkelten rechten Arm und schien eingeschlafen zu sein. Emilia ging das Herz auf. Noch im Schlaf war er zum Niederknien in seiner virilen Anmut. Sie begab sich hinüber in die Küche, um getrocknete Morcheln einzuweichen, welche sie wegen ihres volleren Aromas frischen Pilzen vorzog. Im Kühlschrank war noch Kalbsfilet, das würde sie später *sous vide* in Wasser garen, dass es innen noch saftig und zartrosa blieb, so wie er es am liebsten mochte. Dazu passte eine Mischung gebratener Gemüse, Kohlrabi vielleicht mit Rübstiel und schwarzem Knoblauch. Sie überlegte, ob Reis oder Pommes Dauphines die bessere Alternative wäre.

Während er schlief, konnten die Morcheln wässern. Sie würde ihn nicht wecken, sondern erst mit der Zubereitung beginnen, sobald er erwacht war. Seine Schlafgewohnheiten waren durch den Entzug des Tageslichts zunehmend unregelmäßig, und nun schlief er nur dann, wenn er wirklich Müdigkeit verspürte und ganz ohne den Einfluss von Helligkeit oder Dunkelheit. Emilia dachte, vielleicht sei das sogar eine gesündere Weise des Schlafens, allein auf den ureigenen Rhythmus des Körpers zu hören und nicht auf die launischen Gestirne, die es in den hiesigen Breitengraden im Sommer fünf Stunden Nacht werden ließen, im Winter aber siebzehn Stunden.

Auch von der Küche aus konnte sie, wie aus jedem Raum des Hauses, Leo beobachten, wie er auf seinem Bett lag. Sie schaute auf die Uhr. Es war Halbfünf. Emilia ging zurück ins Wohnzimmer und schenkte sich am Servierwagen einen Aperitif ein, ein Glas Tawny Port. Der Erfahrung nach würde Leo zwei Stunden schlafen, was ihr gestattete, vor der Zubereitung des Essens noch ein wenig Musik zu hören. Sie wanderte mit dem Zeigefinger über die Rücken der im Regal nach Musikgenres angeordneten CDs und entschied sich für Mussorgskys *Bilder einer Ausstellung*, in der Orchestrierung von Maurice Ravel.

Die reich instrumentierten Klänge trugen sie hinfort wie auf sanften Schwingen. Sie dachte zurück an die Zeit, als sie Leo kennenlernte. Er hatte sie mit Blumen und kleinen Geschenken überhäuft, hatte sie zur Tulpenblüte nach Holland eingeladen, zum Wochenende an die Nordsee oder mal eben, als wäre das nichts Besonderes, in ein Musical nach London. Er hatte sie in Kino, Theater, Oper und noble Restaurants entführt, und sie war überwältigt von seiner Aufmerksamkeit und seiner weltmännischen Art. Und als würde dieser Traum von einem Mann so gar keine Grenzen akzeptieren, gab es da noch diesen Adelstitel vor seinem Namen: er war ein "Von". Leonhard von Nolting. Kein Baron oder Graf, aber immerhin ein "Von", und sie, Emilia Horn, würde natürlich, sollte er ernste Absichten verfolgen, woran sie keinen Moment zweifelte, ihren Namen ändern in Emilia von Nolting. Kurz darauf hielt Leonhard von Nolting tatsächlich an um ihre Hand, und freudig sagte sie ja. Nie hätte sie die drastische Wendung der Dinge für möglich gehalten, die wenige Monate nach der Hochzeit ihren Lauf genommen hatten.

Wie die meisten Frauen verabscheute sie Pornografie, und die Filmchen, welche ausnahmslos alle Männer auf den einschlägigen Seiten im Internet guckten, verursachten in ihr nichts als Übelkeit. Aber wenn sie an den atemberaubenden Sex mit Leo dachte und sich konkrete Situationen zurück in ihr Gedächtnis rief, dann vibrierte ihr gesamter Körper wie ein Streichinstrument unter dem Bogen. Das war vielleicht das Einzige, was ihr fehlte zum perfekten Glück: die physische Nähe zu ihrem Mann, der wie kein anderer, Fabian einmal ausgenommen, mit seiner phänomenalen Virtuosität eines genialen Liebhabers alle Saiten in ihr zum Klingen gebracht hatte. Aber in der jetzigen Lage erschien es ihr bei weitem zu gefährlich, mit Leo zu schlafen.

Halbsechs. Sie beschloss mit dem Kochen zu beginnen, denn er würde mit einiger Sicherheit gleich erwachen, und das Kalbsfilet bräuchte, auf diese Weise zubereitet, seine Zeit. Während ihrer Vorbereitungen schaute sie immer wieder liebevoll auf ihren schlafenden Mann. Genau wie sie vorhergesehen hatte, regte er sich in dem Moment, als sie am Herd gerade fertig wurde.

Emilia ordnete die Medaillons, das Gemüse und die Dauphinekartoffeln mit penibler Akkuratesse auf dem vorgewärmten Teller an, gab den Morchelrahm zum Fleisch und stülpte zuletzt die Tellerglocke aus blankpoliertem Chrom über die fertige Mahlzeit. Dann trug sie das Tablett die Treppe hinab, wo sie es neben der Eingangstür zum Bunker auf dem zur Hälfte aufgeklappten Pembroke-Tischchen abstellte.

- Leo, mein Schatz, es gibt Dinner. Sei so lieb und stelle dich auf! sagte sie durch die Gegensprechanlage.

Über den Monitor neben der Tür sah sie, dass Leo ihrer Aufforderung widerstandslos Folge leistete. Als er, wie üblich demonstrativ laut mit den Ketten rasselnd, seine Position genau in der Mitte zwischen den beiden Seitenwänden eingenommen hatte und seine Arme, Flügeln gleich, von sich hielt, betätigte Emilia den Knopf, der die Ketten mittels zweier elektrischer Spulen aufrollte. Dann, als er mit weit gespreizten Armen dastand und die Gefahr eines Angriffs gebannt war, öffnete sie die Tür, nahm das Tablett mit seinem Essen wieder auf und betrat lächelnd das Verlies ihres Gatten.

Wim Martin im Hummelshain Verlag

Das schlagende Herz
Roman
Taschenbuch Originalausgabe, 234 Seiten
Hummelshain Verlag 2018
€ 12,80

Gerlind ist Rentnerin und sammelt, geplagt von Altersarmut, Pfandflaschen. Benno (45) ist obdachlos und trauert seiner großen Liebe nach. Sie beobachten sich, stehen einander bei und kommen schließlich zusammen in einem furiosen Finale. Der atemlose Leser aber rätselt, war er Zeuge einer Katastrophe oder eines Wunders.

Nahe Engel, von fern: Musik
Gedichte
Hardcover, 84 Seiten
Hummelshain Verlag 2019,
€ 12.-

In formal strengen, ungereimten Terzinen verwendet Wim Martin erstmals in der Geschichte der Poesie die aus der U-Musik gebräuchliche Technik des Samplings. Zitate aus Popmusik, Dichtung und Film werden virtuos mit der eigenen Lyrik verknüpft und schaffen einen poetischen Dialog mit seinem kulturellen Erbe.

Babylon Cam

Roman

Taschenbuch Originalausgabe, 316 Seiten

Hummelshain Verlag 2020

€ 13,80

David arbeitet als Luxus-Callboy für die Reichen in Düsseldorf. Zu seinen Kunden zählen u.a. eine Konzernchefin, eine Fondsmanagerin, ein Hollywoodstar und ein saudischer Prinz. Auf rätselhafte Weise wird er in einen brisanten Wirtschaftsskandal von landesweiter Tragweite verwickelt. Er beginnt auf eigene Faust zu ermitteln. Fast ein Thriller und von atemberaubender Spannung.

Die Pandemie

Roman

Taschenbuch Originalausgabe, 276 Seiten

Hummelshain Verlag 2021

€ 13,80

Fünf Jahre wird Leo von seiner Frau Emilia mit Hilfe ihres Geliebten Fabian im Bunker unter ihrer Villa in Baden-Baden eingesperrt, nachdem sie herausfindet, dass er auch mit Yvonne verheiratet ist. In der Pandemie des Jahres 2020 laufen die Dinge schließlich aus dem Ruder…eine *ménage à quatre*, schwarz, abgründig und mit gänzlich unvorhersehbaren Wendungen.

Brachfeld

Roman

Taschenbuch Originalausgabe, 252 Seiten

Hummelshain Verlag 2021

€ 13,80

Brachfeld heißt der fiktive Schauplatz einer als Thriller getarnten, bitterbösen Parabel auf die zeitgenössische politische Landschaft. Filz, Korruption und intrigante Machtkämpfe regieren die Stadt, deren Vertreter gierig abkassieren. Wie immer bei Wim Martin verbirgt sich hinter der Hochspannung garantierenden Geschichte eine scharfe Analyse der aktuellen gesellschaftlichen Befindlichkeit.

Der Einfall des Lichts

Roman

Taschwenbuch Originalausgabe, 268 Seiten

Hummelshain Verlag 2022

€ 14,80

Heller, erfolgreiches Fotomodell, sucht Ausweg aus einer Sinnkrise. Er ist Flaneur, Voyeur und elektrisiert von einer mysteriösen Frau. Deren Geheimnis ist gefährlich. Der Tanz auf einer Rasierklinge beginnt. Ein poetischer Roman mit Soundtrack.